이 책을 함께 만든 독자에디터들의 소감

독자에디터는 본 책의 초안을 검토하고, 편집 아이디어를 제공하고, 오탈자를 확인하는 등 독자의 눈높이에 맞는 책을 만들 수 있도록 많은 도움을 주셨습니다.
바쁜 시간을 쪼개어 참여해주신 독자에디터 12기 여러분께 깊은 감사를 드립니다.

사회초년생들이 그동안 잘못 알고 있던 재테크에 대해, 지난 과거 속 저자의 경험을 더해 유머러스하게 알려줍니다. 결국 재테크도 남에게 의지하며 속을 게 아니라 스스로 판단해서 실행해야 함을 알려주네요. 급변하는 사회 속에 흔들리는 사회초년생에게 일독을 권합니다.
- 꿈빛나 님

재테크 초보라면 반드시 읽어야 할 어나더 레벨 이야기. 진작 읽었다면, 수백만 원의 수업료와 수많은 시간을 아꼈을지 모르겠다. 딱 이만큼만 하면 적당히 행복하게 잘 살 수 있겠다!
- 더블유와이랑 님

목차를 읽는데 찔려서 죽는 줄 알았다. 늦었으니까 성과 내려고 했던 것, 단기간에 부자가 되려고 한 것, 멘토만 따라가려고 한 것이 전부 나였다. 그래도 이 책을 읽고 생각을 다잡을 수 있어 정.말. 다행이다. 나의 흑역사를 직면하느라 괴로웠지만 내가 진짜 원하는 삶이 무엇인지 생각하게 만든 귀중한 책이었다.
- 도전하는예슬 님

과거 신문기사에서 지금과 같은 뉴스 내용이 보이는가? 역사는, 아니 기사는 자꾸 반복된다. 단지 그걸 알아차리지 못했을 뿐! 버려야 할 생각과 가져야 할 습관 등 '적당히 벌고 적당히 노는 언니' 풍백 님의 임팩트 있는 충고와 진심 어린 조언들이 녹아 있다.
- 드림빅옥 님

요즘같은 시기에 독자에게 맞는 길을 찾는 데 현실적인 가이드라인을 제시하는 책이라서 도움이 되었다. 그리고 무엇보다 재미있다. 그렇다, 작가는 희망을 팔지 않는다. 다만 정말로 내게 필요한 것을 주는 책이다.
- 디차 님

이 책을 읽으며 지나온 시간들에 대한 기억이 떠올랐어요. 과거와 비슷한 일들이 지금 다시 일어나고 있는 것에 놀라기도 했고요. 풍백 님의 통찰력과 팩트체크가 어우러져 재미있는 책 한 권이 완성되었네요. 경제 흐름을 볼 수 있는 감각과 미래의 여유를 설계할 수 있는 능력을 이 책을 통해 얻어가기를 바랍니다.
- 라니 님

적당히 벌고 적당히 잘 사는 자본주의 생존법이 궁금해서 읽기 시작했는데 돈보다 중요하고 소중한 나 자신, 그리고 나의 삶을 되돌아보게 되었습니다. 그 누군가가 아닌 온전한 자기 자신의 모습을 찾고 각자의 방식대로 자본주의 생존 루트를 걸어 나갈 모든 분들에게 이 책을 추천하고 싶습니다.
- 럭키파크 님

너무나 공감되는 저자의 재테크 흑역사. 그 속의 조급한 초보 투자자들의 심리에 격하게 고개를 끄덕이다가, 내 인생의 선택권을 누군가에 맡기지 않고 온전히 스스로 해낼 수 있도록 중심을 잡는 재테크를 하기 위해서는 어떻게 하면 좋을지 친한 언니를 만나 경험담과 조언을 듣는 느낌이 들었다. 순식간에 흥미롭게 읽어내려간 책이다.
- lihaisonnew 님

현실적인 직장인 입장에서 바라보는 경제 사이클. 직접 겪은 찬란한 재테크 흑역사. 힘들지만 제대로 깨달은 적당히 벌고 적당히 잘 사는 법에 대한 내용. 과하지 않다. 누구나 읽을 수 있는 공감가는 재테크 이야기.
- 미로나 님

많은 재테크 서적을 읽어봤지만 에세이 형태로 경제 사이클을 몰입감 있게 다룬 책은 처음입니다. 우리 같은 평범한 사람들도 가능한 현실적 부자에 대한 생각의 전환점이 될 것입니다.
- 민담파파 님

'일찍 일어나는 벌레가 빨리 잡아먹힌다'라는 내용이 본문에 있다. 조급증을 버리고, 나를 단련한 후 시작해도 늦지 않는다는 책의 내용처럼 지금 시기에 아주 적절한 지침서 같다.
- 부대손손 님

너무 빨리 성공했거나 큰 성공을 한 사람들의 책을 보다 보면 따라가느라 힘들고, 읽고 나면 허무해지는 마음이 컸는데 이 책은 평범한 사람들도 조금만 생각을 바꾸면 "너도 충분히 바뀔 수 있어"라고 말해주는 것 같아 위로가 되었습니다. 모두가 부동산이나 주식에 회의적인 요즘, 금수저나 다이아몬드 수저로 태어나지 않았어도 적당한 희망을 가지게 해주고, 용기를 주는 책이라 좋습니다.
- 부자복녀 님

젊은이들이여, 이 책을 읽으면 적당히 벌고 적당히 놀 수 있는 인생의 치트키를 얻을 수 있습니다! 신혼부부들, 사회초년생들, 이상한 강의나 유튜브에 속지 말고 이 책부터 보세요.
- 소니도로 님

책을 읽는 내내 작가님과 실제로 만나 이야기를 나누는 느낌이 들었어요. 현실적인 조언과 생생한 경험들이 담겨 있어 곁에 두고 펼쳐보는 책이 될것 같아요. 누군가가 "돈 벌고 싶은데 현실적으로 어떻게 해야돼?"라고 묻는다면 이 책으로 답변을 대신하겠습니다.
- 송이의재테크 님

풍백 님의 솔직하면서도 거침없는 입담과 보통 사람들을 위한 현실적이지만 진심어린 조언에 웃으면서 읽기 시작해서 끝에는 가슴이 뭉클해졌어요. 자신의 흑역사를 통해 밝혀낸 적당히 잘 살기 위한 재테크 노하우는 정말 찐입니다!
- 슈퍼엄마 님

열심히 살아도 이 정도길래 더 열심히 살아왔다는 저자의 이야기는 쉽고 재밌게 읽히지만, 결코 가볍지 않습니다. 이 책을 통해 과거를 낱낱이 돌아보고 꿈꾸는 미래를 현실로 만들어 보겠습니다.
- 오로시 님

사이클을 반복하며 성장하는 경제의 흐름 속에서 어떻게 해야 살아갈 수 있는지에 대해 솔직담백하고 직설적으로 표현하여 재미를 느끼며 부담없이 읽을 수 있다. 사회초년생부터 경제적 자유를 찾는 모든 사람들에게 도움이 될 만한 것 같다.

- 인온파파 님

나에게 '간절함'이 없어서 돈을 못 번다고 생각했다. 작가님의 재테크 흑역사를 읽고나니 간절함이 문제가 아니라, 경기는 순환하고 그 속에서 영리하게 '나만의 행복한 삶'을 위한 재테크 가져야 함을 알게되었다.

- 진금 님

나는 이미 수많은 자기계발서를 읽어보았다. 풍백의 책은 다르다. 다른 사람의 행복과 성공과 나를 비교하지 말라. 모든 사람은 나만의 성공 공식을 찾아낼 것이다. 이 책에서처럼.

- 집밖강선생 님

내 자신이 '이번엔 다르다'며 상승장 막차에 몸을 욱여넣은 MZ세대이기에, 더욱 와닿는 책이었다. 이 책은 소장해야 한다. 다음 상승장에서 '눈 돌아갈 때' 꼭 다시 펼쳐봐야 하니까.

- 찡대리 님

요즘 경제 상황에 혼란스러운 평범한 초보 투자자에게 진짜 현실을 알려주는 놀라운 책입니다. 풍백 님의 솔직한 경험담과 인사이트를 통해 부자에 대한 개념을 다시 고민해보고 정신무장도 하게 되었어요.

- 함다 님

**부자는 됐고,
적당히 벌고
적당히 잘사는 법**

부자는 됐고
적당히 벌고
적당히 잘사는 법

초판1쇄 발행 2023년 1월 9일
초판3쇄 발행 2023년 2월 23일

지 은 이 풍 백 (임다혜)

발 행 처 잇 콘
발 행 인 록 산
마 케 팅 프랭크, 릴리제이, 감성 홍피디
경영지원 유정은
출판등록 2019년 2월 7일 제25100-2019-000022호
주   소 경기도 용인시 기흥구 동백중앙로 191
팩   스 02-6919-1886
디 자 인 FLOW디자인

ⓒ 임다혜, 2023

ISBN 979-11-90877-66-4 13190
값   16,000원

● 이 책은 저작권법으로 보호받는 저작물로 무단전재 및 무단복제를 금합니다.
● 이 책의 전부 혹은 일부를 인용하려면 저작권자와 출판사의 동의를 받아야 합니다.
● 잘못된 책은 구입처에서 바꿔드립니다.
● 문의는 카카오채널 '잇콘'으로 부탁드립니다.(카카오톡에서 '잇콘' 검색, 평일 오전 10시 ~ 오후 5시)

부자는 됐고,
적당히 벌고
적당히 잘사는 법

"10년 전, 그 많던 100억 부자들은 다 어디 갔을까"

풍백(임다혜) 지음

머리말_
나에게 희망 팔지 마세요

자본주의 사회인 대한민국에서 부자는 못 되더라도 소시민으로나마 살아남기 위해 매일 경제신문을 보고 재테크 강의를 쫓아다닌 지 20년이 넘었다. 그런데 어느 순간부터 내가 현재 신문을 보고 있는 것인지 14년 전 신문을 보고 있는 것인지 헷갈릴 만큼 단어만 몇 개 바뀌었을 뿐 비슷한 패턴이 반복되고 있다는 걸 알게 되었다.

신도시 입성전략 5대 포인트

(서울경제 2007.06.10.) 화성 동탄 2기 신도시 발표를 계기로 신도시에 대한 관심이 다시 한 번 뜨겁게 달아오르고 있다. (후략)

3기 신도시 당첨되려면 이것부터?

(한경 집코노미 2020.05.13.) 인사할 시간도 없습니다. 사전 청약제 도입 소식으로 3기 신도시가 벌써 뜨겁습니다. (후략)

강남권 재건축 호가 상승

(연합뉴스 2007.12.14.) 대선을 앞두고 규제 완화에 대한 기대감이 커지면서 서울 재건축 아파트의 호가가 상승했다. (후략)

대선 뒤 규제 풀릴까 … 재개발 재건축 시장 기대감 '쑥'

(스트레이트뉴스 2022.03.08.) 대선을 하루 앞두고 재건축·재개발에 대한 기대감이 높아지고 있다. 여야가 모두 정비사업 쪽 부동산 공약으로 '규제 완화' 카드를 꺼내들었기 때문이다. (후략)

주가, 추가 상승 지속된다

(MBN 2007.06.15.) 주가가 급등세를 보이며 최고치 행진이 이어지고 있습니다. 조정 우려에도 불구하고 상승세가 당분간 지속될 것이란 게 대체적인 전망입니다. (후략)

3300 밟은 코스피 "실적장세에 3700까지 간다"

(헤럴드경제 2021.06.25.) 사상 처음으로 3300 고지를 밟은 코스피가 하반기 기업들의 실적 개선 효과로 추가적인 상승 기대감이 높아지고 있다. (후략)

20, 30대 절반 결혼 안했다

(경향신문 2006.09.11.) 10일 통계청의 '인구주택 총조사 결과'에 따르면 지난해 11월 현재 전국 20~39세 남녀(외국인 제외) 1554만 명 중 미혼자는 788만 명으로 50.7%를 차지해 5년 전인 2000년(43.1%)보다 7.6% 포인트 높아졌다. (후략)

비혼주의, 취업난, 집값 급등에 30대 미혼율 42.5%로 역대 최고

(동아일보 2021.09.27.) (전략)지난해 30대 남성 가운데 미혼 비중이 처음으로 절반을 넘어섰다. 결혼을 꼭 해야 한다는 생각을 버리고 자발적으로 비혼을 택하거나 취업난과 집값 급등에 어쩔 수 없이 결혼을 미루는 젊은이들이 늘어난 결과로 풀이된다. (후략)

[2005인구주택총조사] 나홀로 가구 급증

(국민일보 2006.07.26.) (전략)1인 가구는 317만1,000가구로 2000년의 222만4,000가구보다 42.5%나 급증하며 전체 가구에서 20.0%를 차지했다. 전신애 통계청 사회통계국장은 "미혼·이혼 가구, 자녀가 없는 부부가 늘면서 가구당 평균가구원수가 1980년보다 1.66명이나 준 2.88명일 정도로 핵가족조차 쪼개지고 있다"고 말했다. (후략)

2050년 10집 중 4집 1인 가구 … 부부만 같이 사는 집도 23.3%

(연합뉴스 2022.10.20.) 20일 통계청이 발표한 '장래가구추계 시도편: 2020~2050년' 자료에 따르면 오는 2050년 1인 가구는 905만 가구로 2020년(648만 가구) 대비 258만 가구 증가하게 된다. 전체 가구 대비 1인 가구 비중은 31.2%에서 39.6%로 올라간다. (후략)

그리고 깨달았다. 아, 지금 다른 사람들도 그때의 나처럼 나 빼고 다 돈 벌고 있다는 생각에 조급하고 혼란스럽겠구나. 그래서 그때의 나처럼 온갖 책과 강의에 돈을 쏟아붓고, 아침형 인간이 되어 부자가 되는 생생한 상상을 하면 부자가 될 것이라 믿으며, 나와 내 부모가 부자가 아닌 건 글러 먹은 가난뱅이 정신을 가져서지만 저 사람이 부자인 건 위대하기 때문이니 과거의 나를 버리고 저 사람의 말을 무조건 따라야겠다는 생각을 하겠구나.

그때는 갑자기 닥친 전 세계적 충격으로 인해 어느 날 거짓말처럼 내가 돈을 갖다 바치던 100억 부자와 선한 부자는 감옥이나 해외로 사라지고, 신문으로 접한 까발려진 그들의 순자산은 자산에 비해 형편없었으며, 선하고 박식해 보이는 얼굴 뒤에는 그럴싸한 마케팅과 이미지메이킹 기법이 숨겨져 있음을 알게 되어 버렸긴 한데, 과연 그것도 그대로 반복될 것인지는 알 수 없겠네.

하긴 그게 무슨 상관있겠어? 수영장에 이렇게 물이 가득 차 있고, 다들 신나게 헤엄치고 있는데 분위기 망치지 말고 물 빠질 때를 대비해서 내 팬티나 잘 입고 있자. 이런 생각으로 사석에서 만나는 지인들에게만 살짝 귀띔하며 시간이 흘렀다. 하지만 강산이 두 번이나 변할 시간이 흘러도 여전히 잘 먹히는 '100억 부자' 타이틀과 이를 위장하는 전법이 똑같음에 흥미를 느끼며 관찰하게 되었다.

그런데 과연 우리는 정말 100억 원은 있어야 이따위 회사 때려치우고 원하는 일 하면서 행복하게 살 수 있는 것일까? 정말 나 빼고 다들 20억 원씩은 갖고 있고 나만 벼락거지가 된 것일까? 얼마 전 통계청에서 발표한 「2021년 가계금융복지조사」 결과는 조금 달랐다. 가구당 평균 순자산은 4억 원대 초반.

▼ 가구당 평균 자산 형황

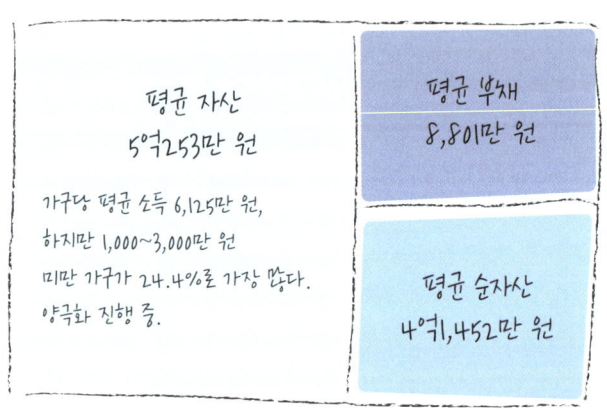

평균 자산
5억 253만 원

가구당 평균 소득 6,125만 원,
하지만 1,000~3,000만 원
미만 가구가 24.4%로 가장 많다.
양극화 진행 중.

평균 부채
8,801만 원

평균 순자산
4억 1,452만 원

(출처: 통계청, 2021 가계금융복지조사)

그리고 2022년 4월에 발표한 NH투자증권 100세시대연구소가 통계청 가계금융복지조사 데이터를 토대로 펴낸 「2022 대한민국 상위 1% 보고서」에 따르면, 상위 1% 정도는 되어야 순자산이 29억 2,000만 원이었다. 그것도 평균 연령은 63.5세이고 60대가 34.6%, 50대가 25.3%, 70대가 21.4%로

50대 이상이 약 90%를 차지하고 있었다.

즉, 30~40대 100억 부자라는 타이틀은 다소 허황되며 현실과 동떨어져 있는 것이다. 하지만 우리는 유튜브로, 책으로, 강의로 너무나 쉽게 그런 부자들이 존재하며 그 방법을 알려줄 테니 나에게 돈을 내면 너도 나처럼 부자가 될 수 있다는 이야기를 접할 수 있다.

그런데 이제 세상이 바뀌었다. 좀 더 많은 정보가 공유되고, '수업료 냈다고 치지'라고 넘기기에는 그런 시행착오를 겪을 시간과 돈이 아까운 시기가 다가왔다는 생각이 든다. 또, 원하는 인생을 사는 데에는 '너희는 노예고 나는 부자라서 행복하다'는 그들의 경제적 가스라이팅 문구보다 훨씬 적은 돈이면 된다는 것을 경험으로 알게 되었다.

IMF 사태와 2002 월드컵, 서브프라임 모기지 사태를 그럭저럭 겪은 평범한 대한민국의 01학번인 나의 소소한 과거 실수와 경험을 공유함으로써 현재가 과거의 어느 시점과 비슷한지 알아보고, 과거를 통해 미래를 대비해 다른 분들의 시간과 돈을 조금이나마 절약할 수 있기를 바라며 이야기를 시작하고자 한다.

유난히 춥게 느껴지는 겨울에
풍백 임다혜 드림

contents

머리말_ 나에게 희망 팔지 마세요   5

1장 | 유행은 돌아오고, 경제 사이클도 돌아오고
1997년 IMF와 닷컴버블, 그리고 가상화폐   17
2001년 대학과 주식, 국ㄱr가 허락한 유일한 ㅁr약..☆   22
지금이 아니면 내 집은 없을 거라고?   29
열심히 살아도 이 정도길래 더 열심히 살았다   35
일찍 일어나는 벌레가 빨리 잡아먹힌다   40
2007년, 그땐 모두가 즐거웠지   45
경제는 경제일 뿐 정치로 해석할 필요 없더라   49

2장 | 찬란했던 나의 재테크 흑역사
2008년, 어리둥절했던 리먼브라더스 파산 뉴스   57
2009년, 부동산 데드캣바운스와 100억 부자들의 몰락   61
2010년, 사실은 누구도 집값이 내리길 바라지 않았다   67
2011년, 글로벌 경제위기와 미국의 부양책   73
2013년, 또 한 번의 대선과 한국의 부양책   80
2015년, 부양책의 효과가 나타나기 시작했다   87
장기투자가 정답입니까? 확실해요?   94
끄떡없는 미국, 불투명한 중국과 일본, 그리고 한국의 나   98

3장 | 버려야 할 생각 vs 가져야 할 습관

버려야 할 생각①_ 늦었으니까 서둘러 성과를 내려는 것	107
가져야 할 습관①_ 나의 현재 위치를 제대로 파악하기	110
버려야 할 생각②_ 단기간에 부자가 되겠다는 조급함	116
가져야 할 습관②_ 매일 경제 뉴스 챙겨 보기	121
버려야 할 생각③_ 멘토만 따라가면 된다는 믿음	135
가져야 할 습관③_ 사실관계를 검증해보기	138
버려야 할 생각④_ 일을 그만둬야 행복해진다는 착각	144
가져야 할 습관④_ 다양한 시도를 지속적으로 해보기	148

4장 | 적당히 잘살기 위한 1단계 '나에 대한 투자'

왕과 여왕처럼 사는 팔자의 비밀	155
퇴사가 간절할 땐 이것 먼저 계산해보자	159
회사 밖에서 살아남으려면 얼마가 필요할까	166
조기 은퇴 말고, 좋아하는 일 하며 조기 반퇴하기	170
나는 어떤 일을 좋아하는 것일까	174
언제나 1순위는 나와 가족의 행복	184

5장 | 적당히 잘살기 위한 2단계 '내 집 마련'
내 집 마련이 필요한 이유   191
누구에게나 부동산 공부는 중요하다   197
얼마까지 알아보고 오셨어요?   204
한 푼도 없는 신혼부부라면 이 방법밖에 없다   211

6장 | 적당히 잘살기 위한 3단계 '이만큼만 해도 되는 재테크'
이만큼만 해도 되는 부동산 투자   217
이만큼만 해도 되는 주식 투자   220
이만큼만 해도 되는 연금 설계   226
부자 아빠는 존경스럽고, 가난한 아빠는 부끄러울까   231

맺음말_ 적당히 벌고 적당히 노는 사람   235

1장

**유행은 돌아오고,
경제 사이클도 돌아오고**

1997년 IMF와 닷컴버블, 그리고 가상화폐

IMF 사태에 관하여는 눈물 없이 들을 수 없는 사연을 다수 보유하고 있으나, 뜬(?) 다음 팔아먹으려면 아껴야 하기도 하고 초장부터 분위기를 조질 수 없기에 생략하려 한다(참고로 '조지다'는 표준어). 책 사면서 축제인 줄 알고 펼쳤는데 장례식장이면 독자 여러분이 별점을 하나만 주실 수도 있으니까. 그러니 모쪼록 잘 부탁드립니다.

간단히 우리 집의 배경 설명을 하자면 당시 아버지는 건축 붐을 타고 작게 관련 사업을 운영하는 사장이었다. 뒷 상황은 기타 드라마들을 참조하시길.

대한민국에 IMF 경제 위기가 닥쳤을 때는 내가 중학생에서 고등학생으로 넘어가는 겨울이었다. 신분뿐만 아니라 친구들이 따라다니는 가수도 R.ef에서 H.O.T로 많이 넘어갔으나 나는 시키지도 않은 지조를 지키고 있었다. 동지들의 배신만이 고민인 것은 아니었다. IMF 사태 선언은 일종의 방점을 찍은 것이지 그 전부터 집 경제 상황이 안 좋아지고 있다는 것을 체감할 수 있었고 나는 이미 중2 때부터 전단지 아르바이트를 하고 있었다. 처음으로 거시경제가 개인의 삶에 영향을 미친다는 걸 깨달은 시기이다.

1997년 겨울부터 2001년 IMF 사태 졸업까지, 또 비슷한 시기에 시작하여 2000년에 발생한 닷컴버블 사태는 굉장히 신선했다. 그전까지는 다들 목표가 단순했다. 공부 열심히 해서, 좋은 대학 나와서, 대기업에 들어가서, 월급 착실히 저축해서 이자 받고, 좋은 사람 만나 아이 낳고, 아내는 알뜰살뜰 살림하고 남편은 성실히 일하다가 정년퇴직하는 삶. 계속된 성장의 경험에서 오는 이런 낙관적인 인생에 경제 사이클과 위기관리라는 개념이 뛰어 들어온 것이다.

당시 아시아 경제 위기와 한국이 IMF 구제금융을 신청한 원인에 대해서는 여러 의견이 있을 수 있지만, 다 차치하고 평범한 소시민이자 경제에 문외한이었던 학생은 세 가지를 배울 수 있었다.

첫 번째는 경기가 안 좋아지면 사람들은 '달러'와 '금'을 찾아간다는 것이다. 연일 보도되는 환율 급등과 금 모으기 운동을 통해 '안전자산'의 존재를 인식하게 되었다. 1,000원은 언제나 1,000원이라고만 알고 있다가 국가 안전성에 의해 돈의 가치가 달라진다는 사실을 알게 된 것은 어린 나이에 충격이었다. 또 평생 기념일마다 아버지에게 금을 선물로 받았던 어머니에게, 금은 위급할 때면 살 때보다 비싸게 처분할 수 있어 도움이 된다는 설명을 들으며 리스크와 인플레이션 헤지에 대해 이해할 수 있었다.

두 번째는 아무것도 믿으면 안 된다는 점이다. 경험을 믿으면 안 된다. '이제까지 이 방법으로 좋았으니 앞으로도 좋겠지'라는 생각이 언젠가는 통하지 않는 날이 온다는 걸 우리는 머리로는 알고 있지만 습성상 잊고 산다.

환경도 믿으면 안 된다. 거대해 보이던 대기업도 한순간에 쓰러질 수 있으며 회사가 살기 위해서 직원이나 하청업체를 잘라낼 수 있다는 걸 목격했다. 한 회사가 평생 일자리와 월급과 정년을 보장해주지 않는 시대가 그때부터 시작된 것이다.

외환위기 20년, 재계 '지각변동'
30대 그룹 중 19곳 교체 … 대우 등 11개 그룹은 해체

(뉴스토마토 2017.11.01.) 1997년 국제통화기금(IMF)에 구제금융을 신청한 외환위기 이후 20년간 국내 재계의 지형도가 바뀌었다. 30대 그룹 가운데 19곳이 해체되거나 순위 밖으로 밀려났다. 남은 11곳 중 현대, LG 등 5곳도 여러 그룹으로 쪼개졌다.

그리고 사람을 믿으면 안 된다. 아버지 사업이 잘될 때 집 사주고 결혼도 시켜준 직원은 부도가 나자 당시 고가였던 컴퓨터를 들고 제일 먼저 도망갔으며, 집에서 재우고 먹인 형제는 찾아와 가구를 부쉈다. 아버지는 상당한

호인으로, 어린 나를 데리고 다니며 들르는 가게마다 돈을 더 내기도 하고 주인장의 자녀에게도 선물을 주곤 했다. 모든 인연은 사업이 몰락하자 끊어졌다.

하지만 그것은 그 사람들이 나빠서가 아니다. 애초에 등가는 이미 교환되었기 때문이다. 무엇을 줄 때는 주는 기쁨을 이미 받은 것이기 때문에, 내가 지금 베풀었으니 나중에 내가 필요할 때 저 사람이 도움을 주겠지, 믿어주겠지 하는 기대는 과욕에 불과하다는 것을 그 시기에 알게 되었다. 다른 사람의 마음은 내가 결정할 수 있는 것이 아니니 함부로 믿고 기대하고 실망하는 것은 스스로에게 마이너스다.

마지막으로 세 번째 배운 것은 방향이 맞다 해도 가격이 틀릴 수 있다는 점이다. 당시 컴퓨터의 보급과 인터넷의 발달, 그것을 기반으로 한 미래 새로운 사업의 발달 여부에 대해서는 틀렸다고 할 수 없을 것이다. 당장은 수익을 내지 않더라도 미래를 보고 성장주에 투자하는 것이나, 시대의 흐름에 선진입하겠다며 가상화폐 및 NFT를 매입하는 것과 비슷한 맥락이라고 할 수 있다.

하지만 가격이 오르기 때문에 더 올랐다. 최근 샤넬 가방의 가격이 500만 원에서 1,000만 원으로 올라가자 실제 착용할 사람 외에도 되팔아 수입을 챙기려는 업자들이 늘어나 새벽부터 백화점 문 앞에서 줄을 서고 있던 것처럼, 삼성전자가 4만 원일 때는 안 사던 사람들이 8만 원이 되자 너도나도 일단 사서 '9만 전자'가 되었던 것처럼(이 글을 쓰는 지금은 '5만 전자'로 돌아왔다). 당시 코스피지수는 300 이하로 떨어졌던 IMF 시절을 잊은 듯 단기간에 다시 1,000을 돌파했고, 코스피에 상장된 상위 50개 기업의 평균 후행 PER(주가수익비율)은 약 126배였다고 한다.

그리고 단기간에 올랐던 만큼 단기간에 많은 기업들이 사라지고 코스피지수는 연말에 반토막인 500대로 떨어졌다. 입지가 좋은 강남 아파트도 비쌀 때 사면 하락을 겪을 수 있는 것처럼 '이것이 좋은가, 좋아질 것인가' 다음에는 '얼마나 좋고 얼마면 적정한 가격인가'를 생각해봐야 했던 것이다. 이후 부동산과 주식 등 재테크를 계속 공부하면서 결국 가격과 가치의 연결고리에 대한 나만의 기준을 잡는 게 핵심이라는 생각을 하게 되었다.

살던 집은 경매로 넘어가 지하 월셋방에서 살며 야간자율학습 시간엔 몰래 빠져나가 알바를 해야 했던 고등학생의 나는, 천문학자가 되고 싶어 이과로 진학했지만 부자가 되겠다며 경영학과로 교차지원해 대학에 입학하게 되었다. 성인이 되자마자 첫 딸인 관계로 부모님의 채무와 연결되어 신용에 문제가 생겨 학자금대출이 나오지 않았다. 그렇게 사회에 본격적인 첫발을 내딛기 시작했다.

2001년 대학과 주식,
국가가 허락한 유일한 마약..☆

주식이라는 걸 해야 할 것 같긴 한데, 뭘 사야 할지도 모르겠고 사실 세상 돌아가는 것도 잘 모르겠는 상태로 2001년에 덜컥 성인이 되었다. 아니, 대학만 가면 예뻐지고 남자친구도 생기고 선배들이 술도 사준다면서요, 어? 내가 아무리 안경 쓰고, 여드름 나고, 헌옷가게에서 3,000원에 산 남자옷 입고, 곱슬머리 관리 힘들어서 스포츠머리 좀 하고, 어? 수줍고 내성적이어서 만화책만 보며 조용히 있었기로서니 이렇게 한가한가, 어?

아무튼 난 딱히 의도하지 않았지만 시간을 쪼개 알바와 야자를 다녀야 했던 고등학생 때에 비해 시간이 많아졌다. 그때 대학생은 경제신문 구독료를 50% 할인해준다기에 신청하고 서점에서 제일 쉬워 보이는 주식 책을 하나 샀다. 아… 지나간 말씀 감사합니다. 그래서 뭘 사란 말씀이시죠?

아는 것도 없이 조급한 마음만 가득 찼지만 다행히 종잣돈이 없었다. 종잣돈뿐만 아니라 학비도 없고 생활비도 없었지만 아무튼. 당장 할 수 있는 게 아르바이트와 공부밖에 없다는 생각이 들었다. 그러다 신입생들이 동아리다, 소모임이다 재미있어 보이는 곳에 다 들어갔고 나도 아주 작은 주식 소모임을 찾아 가입하게 되었다. 활기찬 다른 곳과 다르게 굉장히 흠… 조용한 곳이었다.

첫 시간에 한 선배가 칠판에 공식을 몇 개 쓰고 설명해줬다. PER, EPS 등등. 그래놓고 바로 술 마시러 가자고 해서 처음부터 다시 배워야 했지만, 이때부터 상당히 오랫동안 가치투자와 기본적 분석에 빠져들었다. 아주아주 간단히 요약하면 다음과 같다.

> "주식은 싸게 사서 비싸게 파는 것.
> 그럼 싸다, 비싸다는 무엇으로 판단할 것인가?"

> "가치투자란 주식의 가격이 회사의 가치에 따라가니
> 주식의 가격이 회사의 가치보다 싸면 매수,
> 주식의 가격이 회사의 가치보다 비싸지면 매도."

> "그럼 회사의 가치를 측정할 수 있는 건
> 갖고 있는 돈 / 지금 버는 돈 / 앞으로 벌 돈."

그럼 회사가 갖고 있는 돈, 지금 버는 돈이 얼마인지 알려면 기업의 회계

장부를 볼 줄 알아야겠군. 앞으로 벌 돈을 알려면 세계경제 동향과 산업 분석을 할 줄 알아야겠고. 그럼 나는 경영학과 중에서도 회계 쪽 수업을 듣고, 신문과 인터넷으로 금리며 정책 등을 살피면서 미래 어떤 사업이 유망할지 생각할 수 있는 통찰력을 길러야겠어.

여기까지 오니 착각이 들기 시작했다. 아, 내가 어떤 분야에 대해 공부를 열심히 하거나 정보를 많이 모으면 주식에 대한 객관적 공식을 깨달아 그 방법으로 돈을 지속적으로 벌 수 있지 않을까? 다행히 돈 계산이 적성에 맞았다. 몇 년 전 모 배우의 팬카페 회장직을 맡으면서 촬영장에 커피차를 보내거나 팬미팅을 주최할 때도, 보통은 총무를 다른 사람에게 맡기지만 나의 기쁨을 빼앗지 말아 달라며 직접 했으니까. 그래서 돈도 없고 연애도 하고 싶고 마음이 바쁜 와중에 그럭저럭 근근하게 관심을 이어갔다.

당시 주가는 IMF 구제금융 졸업, 2001년 9·11 테러, 2002년 월드컵 등을 지나며 오르락내리락하고 있었다. 나는 집안 사정상 동생이 대학을 가면 번갈아 가며 휴학을 해야 했기에 그동안 아르바이트와 공인회계사 자격증 준비를 하기로 했다. 그렇게 2년이 흐르고, 그사이 한국 증시는 신용카드 연체 사태로 인한 위기를 한 차례 겪었으며, 나는 시험에 떨어진 채로 마치 군대라도 다녀온 양 복학을 하게 되었다.

차라리 행복했다. 회계사 시험인데 카시오 계산기 살 돈이 없어 일단 집에 있는 걸로 들고 다녔고, 하루 5,000원으로 인천 집에서 서울 종로의 학원까지 차비와 점심·저녁 식사를 해결하고 있던 터였다. 부모님이 형편이 어려우니 그냥 복학해서 졸업하면 어떻겠냐고 어렵게 꺼낸 말씀에 속으로 조금 반가웠지만 티 내지 않고 조용히 알겠다고 했다.

복학한 2005년 봄부터 졸업하는 2007년 초까지 주가는 지속적으로 상승했고 난 '짤짤이'를 시도했다. 그리고 이런 생각을 하게 된다. 아, 이게 계산대로 오르는 게 아니네? 좋은 건 이미 비싸고, 저평가된 건 내가 팔 때도 저평가고. 좋은데 싼 게 있긴 있나? 좋으니까 비싸지만 앞으로 더 좋아질 걸 사야 하는 건가? 쩝… 조금 불확실하지만 이 정도 회사 아닐까? 아이고, 다들 나랑 같은 생각 하셨는지 좋아질 것 같은 회사도 지금 버는 돈에 비해 이미 비싸네? 이걸 보니 결국 사람이 사고파는 거니까 지금 투자하는 사람의 심리를 알 수 있는 방법, 즉 차트와 거래량을 보는 기술적 분석 기법을 공부하는 게 낫지 않을까?

그렇게 또 시간을 보내고 나니 이번엔 그런 생각을 하게 되었다. 아, 그런데 내가 전업투자자도 아니고 하루종일 화면만 들여다볼 수도 없는데 이건 애초에 무리가 아니었을까? 그리고 내가 사는 회사가 뭐 하는 회사인지도 모르니까 떨어지면 버텨야 하는지 아니면 손절을 해야 하는지도 판단을 못 하겠고, 버틴다 치면 뭘 믿어야 하는지도 모르겠네. 오르면 오르는 대로 지금쯤 팔아야 할지 어쩔지 모르겠고, 팔고 나서 오르면 내가 뭘 잘못했나 속이 너무 쓰린데?

이럴 바에는 테마주를 짧게짧게 치고 빠지는 게 낫지 않을까? 둘러보니 단타로 크게 버는 애들은 다 테마주로 버는 것 같던데. 실제로 안 이루어지더라도 미리 들어가 있다가 사람들이 소식 듣고 몰려오면 팔면 되니까 종일 차트 들여다보는 것보다 효율적이지 않나 싶은데. 그리고 곧 깨닫게 되었다. 아, 내가 바로 그 소식 듣고 몰려가는 사람 중 1인이구나. 내가 알 정도면 다른 사람도 다 아는구나. 사람이 신이 아닌 이상 한 번도 안 틀릴 수는 없는데, 들어가고 나오는 타이밍을 몇 번은 맞추더라도 한 번만 틀리면 그동안 번 거 다 날리는 게 이거구나.

이 과정을 돌고 돌아 한참 나이를 먹은 후에야 깨닫게 되었다. 주식 투자에 궁극적인 정답과 공식이 있었다면 뉴턴 시대에 이미 정리가 되었을 것이라는 걸. 나는 개미처럼 새카맣게 많은 사람 중에 특출난 결과를 내서 이름을 날릴 수 있는 천재나 운 좋은 사람도 아니었고, 이렇게 오랜 시간 주식 시장이 이어오는데 매일 저렇게 천재들이 내 방법이 맞네, 네가 틀렸네 싸우고 있는 걸 보면 투자 방법은 내 자본과 성향에 따라 '존버'할 수 있는 기준을 각자 세우는 '개인 취향의 영역'이라는 결론을 내리게 되었다.

2005년 증시, '대박' 터진 한 해

(한국경제 2006.04.03.) 10년 10개월만에 사상 최고점을 뚫어낸 2005년 증시는 조금 과장하면 아무 종목이나 사두면 오르는 '대박장세'를 연출했다. (후략)

아듀 2006년 증시

(서울신문 2006.12.29.) 2006년 증시가 다양한 기록을 남기며 28일 마감됐다. 28일 코스피 지수는 전날보다 9.36포인트(0.66%)오른 1434.46으로 한 해를 마감했다. 지난 5월11일 기록한 사상 최고치 1464.70에는 못 미치지만 지난해 말(1379.37)보다 55.09포인트(4.0%) 올랐다.(후략)

코스피, 장중 3200선 돌파… 뉴욕증시 일제히 '상승' 마감

(SBS 2021.09.03.) 코스피가 오늘(3일) 상승 출발한 가운데 장중 3,200선을 돌파했습니다. 간밤의 뉴욕 증시도 3대 지수 모두 상승 마감했는데요. 박연신 기자 연결합니다.(후략)

그리고 나중에 부동산을 공부하게 되면서 결국 사람이 하는 일이라 비슷한 패턴이 있다는 것도 찾을 수 있었다. '지금 좋은 것 → (지금 좋은 게 비싸지면) 앞으로 좋아질 것 → (좋고 나쁜 거 보다 일단 지금) 돈 나오는 것' 순으로 사람들이 돌아가며 찾는다는 점이다. 예를 들어 부동산은 '새 아파트

→ (새 아파트가 될) 분양권 → (분양권 당첨이 어려우니까 미리 살 수 있는) 재건축·재개발 입주권 → (돈 떨어지니 현금흐름이 필요하니까 지식산업센터나 오피스텔 등의) 수익형 부동산' 이런 의식의 흐름이 있는 것처럼, 주식도 '(지금 돈 잘 버는) 실적주 → (앞으로 돈 잘 벌) 성장주 → (현금흐름 들어오는) 배당주' 유행이 있는 것을 체감했다. 한 분야의 전문가로 강의할 것도 아니고 일반인이라면 굳이 한 가지 방법을 고집할 필요가 없겠다는 나만의 결론을 내리게 되었다.

그리고 취업해 월급을 받게 된 2007년 봄 이후 나는 알게 되었다. 주식할 때가 아니었다는 걸. 부동산이 미친 듯이 오르고 있었다.

지금이 아니면
내 집은 없을 거라고?

2007년 부동산 시장은 마치 2020년처럼 서울 큰형님부터 시작된 출석번호 부르기가 내가 살던 인천까지 호명이 한 바퀴 끝났던 시기였다. (부동산이든 주식이든 꼭 싸다 싶은 곳을 찾아 순환하더라?)

그동안 신문을 통해 부동산이 오르고 있다는 건 알았지만 큰돈이 있어야만 살 수 있다는 생각에 공부할 생각을 못 하다가 이런 누추한 곳까지 귀한 가격이 오시자 조급한 마음이 들었다. 그리고 역시 조급한 마음에는 고수의 인사이트를 빨리 먹는 느낌인 책과 강의가 딱이었다. 저 많이 아는 것처럼 보이는 사람이 선한 마음으로 알려준다고 했으니 아무것도 모르는 나 자신보다야 훨씬 믿고 의지할 수 있겠지?

월급이야 집 빚의 이자로도 부족했지만 어차피 부족할 거 조금씩 꼬불쳐서('꼬불치다'도 표준어) 금리가 높다는 저축은행과 당시 선풍적인 유행이던 펀드에 넣으며 모으기로 했다. 직접 투자에 대한 욕심을 부동산으로 돌리기로 한 것이다.

그리하여 처음 찾아간 강의는 서점가 베스트셀러 저자였고 '30대 100억 부자'로 알려진 사람의 특강이었다. 엄청 큰 곳에 많은 사람들이 앉아 있었고 마치 종교집단과 같은 열기가 느껴졌다. 부동산 강의지만 좌뇌형 인간이 되어야 부자가 된다면서 고정관념을 깨주기 위해서라는 명목으로 갑자기 노래를 불러도 저 사람이 맞고 당황스러워하는 내가 틀렸다는 분위기였다. 왜냐면 그는 부자고 나는 가난하니까. 그의 마인드, 그의 행동 모든 것이 부의 원천이라고 하니까.

이후 중요한 내용은 정규강의를 들어야 한다고 했고 당연히 유료에 (당시 내 기준으로서는) 고가였다. 봉고차를 타고 현장을 다녀오는 임장반도 매번 돈을 내야 했다. 그는 이렇게 번 돈으로 나중에 학교를 만들어 사회에 봉사하고 싶다고 말했다. 다들 더 많은 돈을 버는 방법을 배우는데 이 정도 돈을 내는 걸 아까워하는 건 거지의 마인드라는 분위기를 풍겼다. 숭고한 그의 뜻 앞에서 나는 인천 빌라에 살고 3만 원, 5만 원도 없다는 말을 하지 못하고 조용히 사라졌다.

대신 닥치는 대로 매일 책과 신문을 읽고 혼자 기사에 나온 곳을 찾아가 봤다. 처음 가본 곳이 아직도 기억에 남는다. 창동 차량기지 이전 호재가 있다는 상계주공아파트였다. 당장 될 것처럼 들썩였다.

또 사람들이 가장 기대했던 호재는 단연 오세훈 당시 서울시장의 '한강 르네상스'였다. 그 전부터 급등한 버블세븐 지역(강남, 서초, 송파, 목동, 분당,

용인, 평촌)의 기운이 모여 마침내 용산에서 꽃피울 것이라는 생각이 들었다. 드디어 강남의 시대를 지나 배산임수 완벽하고 서울의 중심에 위치한 용산의 시대가 오는구나!

오세훈 시장, 한강 르네상스 마스터플랜(안) 발표

(뉴시스 2007.07.03.) (전략)서울시는 한강변에 국제 여객선터미널을 만들어 상하이(上海)·톈진(天津)·칭다오(靑島) 등 중국 동부 연안의 주요 도시까지 뱃길을 연결하고 여의도·난지(상암)·반포·뚝섬 등 4개 한강 시민공원을 특화지구로 지정해 2010년까지 개성 있는 생태공간으로 개발할 방침이다.

오세훈 시장, '한강변 35층룰' 삭제 … 2040 서울플랜 발표

(뉴스원 2022.03.03.) 서울에 새로 짓는 아파트는 35층을 넘을 수 없다는 '35층 룰'이 깨진다. 오세훈 서울시장은 3일 서울 중구 서울시청 브리핑룸에서 '2040 서울도시기본계획'(서울플랜)을 발표했다. 이는 서울시가 20년 후 서울의 발전 방향을 제시하는 최상위 법정 도시계획이다. (후략)

용산국제업무지구 개발 사업 본격화

(MBN 2008.02.13.) 용산역 일대에 150층짜리 빌딩을 짓는 용산국제업무지구 창립식이 열린 가운데, 오세훈 서울시장은 용산 개발로 서울을 세계 10대 도시로 만들겠다고 밝혔습니다.
- 인터뷰(오세훈/서울시장) : "서울을 대표할 수 있는 공간, 이곳 용산에서 시작이 됩니다. 자랑스런 서울의 중심공간이 될 수 있도록, 최선을 함께 해나갑시다." (후략)

박희영 용산구청장
"국제업무지구 개발로 '명품도시' 도약할 것"

(뉴스핌 2022.10.17.) 용산구 최대 현안은 용산국제업무지구 개발 사업이다. 2013년 사업 중단 이후 10년째 방치됐지만 오세훈 시장이 지난 7월 공공주도 개발 청사진을 공개하며 다시 주목받고 있다. 내년 상반기까지 도시개발구역 지정과 개발계획을 수립하고 2024년 하반기 착공을 추진 중이다. (후략)

하지만 집에 돌아오면 너무나 허망했다. 나만 빼고 다들 돈 벌고 있고 집값은 계속 오르는데 나는 공부만 하고 있고 남들 버는 거 따라다니며 구경만 하고 있고, 차라리 모르면 속이나 편할 것을 보이는 건 있는데 당장 들고 뛰어갈 돈이 부족하다는 현실이 사무쳤다.

하루라도 빨리 내 집 마련 못 하면 집값은 더 비싸질 게 뻔히 보였고 내 월급으로는 결혼을 포기한다 해도 아무리 계산해봤자 평생 부모님 모시고 살 집 한 채 마련할 수 없었다.

월급을 집 빚에 보태라는 부모님이 원망스럽고 동생과도 내가 더 희생했니 어쩌니 하며 눈만 마주치면 매일 싸웠던 시기였다. 부모님이 도와주는 건 바라지도 않았다. 그저 내 월급을 내가 쓸 수만 있다면 끝내주게 저축해서 벌써 투자로 불려서 이놈의 인천 빌라촌 탈출했을 텐데, 라는 어린 생각만 가득 찼었다.

그때로 돌아가서 20대의 나를 만나면 이야기 해주고 싶다. 그때 그 100억 부자라는 사람은 나중에 감옥에 가고 신문 사회면에서 초라한 그의 진짜 자산내역을 보게 될 거야. 그 사람이 펑펑 쓰는 돈은 가난한 네가 박박 긁어서 내는 강의비야.

그리고 2007년에 당장 이루어질 것만 같아 네가 노심초사했던 창동 차량기지 이전, 신안산선 개통, 용산 재개발 등은 40대가 된 지금도 아직이야. 호재라는 게 그런 거더라. 상승기에는 불씨에 기름을 붓는 것 같이 활활 타지만 하락기에는 불씨 없이 얌전히 통에 담기는 존재.

> ### 노원구 10대 뉴스 1위 '창동 차량 기지 이전'
>
> (서울신문 2007.12.14.) 노원구는 주민 1800여명을 대상으로 2007년 한 해 동안 구에서 추진한 주요 역점사업 19개 가운데 10개를 선정하는 설문조사를 실시해 '2007년 구정 10대 뉴스'를 13일 발표했다. (후략)
>
> ### 창동·노원역 일대 복합개발사업 '적신호'
>
> (한국경제 2022.10.17.) 서울 동북권 초대형 개발사업인 창동 바이오메디컬복합단지와 카카오의 '서울아레나'가 잇달아 암초를 만났다. (중략) 17일 업계에 따르면 서울시는 노원구 도봉면허시험장의 의정부 이전이 어렵다고 판단하고 대체부지 물색과 개발 범위 축소 등의 대안을 검토하고 있다. (후략)

하지만 너와 부모님, 그리고 머리끄덩이 붙잡고 싸우던 동생은 이후 각자 아파트 마련하고 MVG 백화점 라운지에서 같이 커피 마시면서 착실하고 걱정 없이 손자손녀들 북적이며 살게 된다? 특히 너는 개나 소나 돈벌 때 타이밍 좋게 개나 소가 되어서 서울 아파트로 내 집 마련 성공해 한강에서 자전거 타고 주중에는 책 쓰고 주말에는 뮤지컬 보면서 산다고. 허황된 꿈 그만 꾸고 같이 타이밍 좋게 행복한 개나 소가 되는 계획을 짜보자.

열심히 살아도 이 정도길래
더 열심히 살았다

몇 년 전, 재밌는 기사가 실렸다.

유명 픽업아티스트, 건강기능식품 불법 다단계 판매

(내일신문 2019.05.13.) 13일 서울중앙지방법원 형사9단독 장두봉 판사는 건강기능식품에 관한 법률 위반, 방문판매 등에 관한 법률 위반 등으로 기소된 네이버 카페 운영자에게 징역 1년에 집행유예 2년을 선고했다고 밝혔다.

A는 서울 강남구에 위치한 다단계 판매업체인 H사의 부사장이자, 연애 기술 등을 알려주는 인터넷 카페의 운영자다. A는 인터넷 방송과 여성잡지 기고, 연애기술 등을 담은 저서 출간 후 유명세를 얻었다.

A는 이후 인터넷 카페 회원들을 상대로 특정 강의를 무료로 수강하게 한 다음, 수강생들을 상대로 "H사에서 판매하는 건강기능식품을

> 구매하면 진짜 수업을 진행하는 단체 채팅방으로 초대되고 보다 높은 수준의 강의를 들을 수 있다"며 구매를 유인했다.
>
> 그는 카페 회원들을 6등급으로 나눠 3등급부터 H사의 사업자로 등록하게 하고, 온라인 커뮤니티를 만들어 '어린 나이에 부자가 되고 싶고 팁을 얻기 위해 나와 가까워지고 싶다면 커뮤니티에 가입할 수 있다'고 하는 등의 방법으로 수강생들을 H사의 하위 사업자로 등록시켰다.
>
> 그는 H사에서 판매하는 건강기능식품을 꾸준히 다량 섭취하면 다이어트, 몸매라인 만들기 등에 효과가 있다고 광고했다. A와 카페 운영진들은 공모해 2016년 1월부터 같은 해 10월까지 총 941회에 걸쳐 총 2억4,200만 원 상당의 건강기능식품을 판매하면서 명칭과 원재료, 제조방법 등에 관해 사실과 다르거나 과장된 표시·광고를 했다.
>
> A와 카페 운영진들은 H사 다단계판매조직을 이용해 카페 회원 및 수강생들에게 H사의 판매원을 모집하기 위한 것이라는 목적을 명확히 밝히지 않고, '삶의 질을 향상시키고, 부자로 만들 수 있는 강의를 수강하라'며 설명회, 교육회 등의 명목으로 유인해 H사의 건강기능식품을 판매하고 하위 사업자로 등록하게 했다.

이 기사가 재밌는 이유는 이 사건의 주인공인 A씨는 국내 최초 여성 픽업아티스트라며 책과 강의로 왕성하게 활동했고 내가 A씨의 강의를 몇 번 들었기 때문이다. 연애전문가가 어떻게 건강 전도사가 되어 돈을 벌 수 있었을까에 대해 목격한 것을 토대로 '썰'을 풀어 보려 한다.

내가 그곳을 접했던 계기는 화장을 너무 못해서 싸게 배울 곳을 찾기 위해 했던 인터넷 검색 결과였다. 자기계발 카페인가 싶어 이미지메이킹 정규 과정을 등록했는데 가보니 강남의 멋드러지고 큰 장소에 20대 여자애들이 가득 차 있었다. 독특한 점은 강사들이 모두 아주 어렸다는 점이었다. 그리고 복장도 다들 비슷했다. 딱 달라붙고 짧은 부평 지하상가에서 2만 원 정도에 살 수 있는 밝은색 골지 원피스에 누드힐. 그리고 그 패션 스타일과 쌍꺼풀 테이프를 우리에게도 강조했다.

지금 돌아보면 강의 내용은 정말 개판이었지만 그때는 이런 강의가 처음이라 원래 이런 건가 싶었다. 무엇보다 수강생들의 몰입과 열광적인 반응이 '내가 이상한가? 분위기 보면서 가만히 있자'라는 생각을 하게 만들었다. 그러던 어느 날 그분이 오셨다. 이 모든 걸 기꺼이 알려주시고 제자의 강의를 거치지 않으면 가까이서 볼 수 없는 대단하신 그분!

제일 큰 강당에 수강생들이 가득 끼어 앉아 있으면 우리의 섹시한 선생님들이 크게 박수를 치고 환호하며 분위기를 주도했다. 사람들이 가까이 모여 있을 때 올라오는 열기와 어우러져 한껏 흥분이 고조되었을 때 신비로운 그분이 등장하여 명연설을 하셨다. 여성들이여, 주도적으로 살라! 연애와 결혼으로 인생을 바꿀 수 있다!

이어서 맹자, 노자 등 고전을 언급하며 머리가 차 있어야 하는 것에 대한 중요성과 함께 심리학의 요소를 도형을 그려가며 설명했다. 맞다. 그분의 평소 인스타그램은 외제차와 명품 사진으로 가득 찼지만 글귀만은 심오했었다. 그 강의의 마지막은 이랬다. 자꾸 피부와 몸매 비결을 알려달라고 하서서 정말 특별히 여러분에게만 공개한다고. 이 비누와 기능식품. 어렵게 구해 정말 소량이니 구입을 원하시면 여러분의 선생님들에게 빨리 문의하라고 하고 그녀는 홀연히 사라졌다.

당시 30대 애엄마였던 나는 '아, 선생님들이랑 피라미드 구조로 나눠 먹는구나' 싶어 빵 터졌는데 현실은 그렇지 않았다. 사람들이 앞다투어 사고 싶어 안달이었다. 정규강의다 보니 집에 갈 때는 수강생 중 몇몇과 이야기를 나누며 함께 귀가했는데 다들 이분을 만나 인생이 바뀌었고 같은 과의 좋아하는 오빠에게 어필할 자신감을 갖게 되었다고 했다. 스스로 안 먹고 안 입고 모은 수십만 원의 돈을 내고 자기가 만족했다는데 할 말이 없었다.

그런데 그 모습이 낯설지 않았다. 20대의 내 모습이었기 때문이다. 아무리 공부하고 노력해도 인생이 바뀌지 않아서 사방으로 방법을 찾아 시간과 돈과 노력을 지불했다. 태생이 내성적인데다가 경제적 환경도 좋지 않으니 성격도 인상도 어두웠다. 한 발 나아졌나 싶을 때 타고나길 밝고 자연스럽게 사람을 끌어당기는 사람을 보면 좁힐 수 없는 격차에 좌절하곤 했다.

당장은 학생이고 종잣돈이 없으니 할 수 있는 걸 하자는 생각에 『아침형 인간』부터 『시크릿』까지 유행하는 자기계발 방법부터 온갖 강의까지 계속 쫓아다녔다. 이런 '간절한' 내 모습에 친구들이 손 내밀어 주고 싶다고 해서 찾아간 곳이 다단계사업장이라 문을 막고 있는 사람과 싸워서 탈출한 경험은 세 번. 그때부터였던가. '간절한'이라는 단어만 보면 두드러기가 난 게.

그런데 신기하게 아이템만 다를 뿐 하나같이 그들의 모습은 똑같았다.

사람을 빨아들이는 단호한 어투, 뭔가 있어 보이고 반박하면 나만 이상한 사람이 되는 모호하고 뻔한 내용, 그것을 뒷받침하기 위한 근사한 인용. 그리고 이걸 통해 인생이 바뀌었다는 걸 인증하려고 SNS에 올리는 스포츠카와 명품가방 또는 시계 사진들. 그리고 결국엔 신문 사회면에서 만난다는 마무리까지!

근 10년을 겪어보니 알게 되었다. 이런 사람들은 옛날부터 미래까지 주위에 계속 있을 것이라는 사실을. 왜냐하면 중심을 스스로 잡지 못하고 남에게 내 인생의 선택권을 맡기고 싶은 사람의 수요가 있으니까. 돈을 지불할 용의가 존재하는 곳에는 당연히 공급자가 생기기 마련이다. 기대고 싶은 사람이 있으면 내가 바로 튼튼한 기둥이라며 홍보하여 기댈 곳을 돈 주고 파는 사람이 있다. 그뿐이다. 이런 방법으로 아이템만 바꿔 끼면 내가 너의 마인드와 무의식을 바꿔주겠다는 클래스나, 당당하고 아름다운 엄마가 되자며 맘카페에서 다이어트 커피를 몇백만 원에 팔 수도 있는 것이다.

열심히 살아도 그 정도길래 쉴 새 없이 더 열심히 살았다. 하지만 그게 패착이었음을 뒤늦게 알았다. 물에 빠지면 죽을 것 같아 발버둥 치지만 더욱 물을 먹게 된다. 몸에 힘을 빼면 물 위에 뜨는 것을 그때는 몰랐다. 잠깐 멈추고 나를 돌아보고 생각할 시간을 가져야 했다.

그걸 모른 채 주식과 부동산 강의를 듣기 시작했을 때, 더 크고 정교한 장치들이 나를 기다리고 있었다.

일찍 일어나는 벌레가
빨리 잡아먹힌다

돈이 없고 간절하니 쓸데없이 부지런했던 것 같다. 당시에는 여기저기 다니면서 어린 나이에 기특하다는 소리를 들으니 뿌듯한 기분에 쓸데없음을 몰랐다. 그저 나는 뭔가 하고 있다, 나아지고 있다, 나아가 가난한 지금의 내 모습을 벗어던지고 부자가 될 것이다라는 생각에 취해 있었다.

처음은 단순했다. 대학생 때 『부자 아빠, 가난한 아빠』가 열풍이었기 때문에 민들레영토라는 카페에서 돈에 대한 이야기를 하거나 캐시플로 게임을 하는 모임이 하나둘 생기는 걸 보고 나가기 시작했다. 시간이 지나자 인터넷 카페 여기저기에서 재테크 초보를 대상으로 한 무료강의들이 꽤 많다는 것을 알게 되었다.

그렇게 가게 된 무료강의는 대체로 두 종류였다. 첫 번째는 중요한 건 유료강의에서 들으라고 하는 영양가 없는 홍보성 강의. 두 번째는 여기 오신 분들 재무구조에 문제가 많다면서 보험 또는 연금을 판매하는 영업용 강의였다. 재무관리라는 명목하에 전문가의 브리핑을 처음 듣는 입장에서는 겁이 덜컥 나기 마련이다.

아, 짜장면만 먹어도 n억 원이 든다고요? 그런데 지금 이대로 노후를 맞으면 단무지도 못 먹는 처지가 된다고요? 오, 세상에. 거기다가 살면서 한 번쯤 교통사고가 나거나 몸이 아파서 일을 못 하게 되면 어떻게 될지 상상해 보라고요? 어머, 선생님, 전 어디로 가야 하죠? 우는 학생이 처음인가요.

그래서 기껏 보험과 연금을 가입했는데 다음 강의 때 만난 선생님이 그것은 쓰레기고 이것이 진짜라고 했다. 덕분에 결혼 전 20대 때 몇 번 보험과 변액연금을 가입했다 해지했다 가입했다 해지하는 뻘짓을 하고야 만다. 단기로 쓸 결혼 자금도 없는 애한테 정장을 쫙 빼입은 젊은 전문가님들이 왜 나의 장기적 미래까지 걱정해주셨는지는 알 수 없다.

주식을 공부하면서도 비슷했다. 당시는 지금처럼 스마트폰이 있던 시대가 아니라서 주식 어플이며 단톡방, 텔레그램 등도 없었고 공개된 정보도 부족했다. 그렇다고 지금은 그때와 달리 사람들이 속지 않느냐 하면 그렇지 않다. 다른 점은 지금은 더 빠른 속도로 더 많은 사람이 속는다는 것뿐이다.

신기하게도 주식 강의나 리딩은 부동산과는 달리 경기를 타지 않고 꾸준히 인기 있다. 적은 단위의 돈으로도 시작할 수 있어 많은 사람이 참여하기도 하거니와 사이클이 짧아 한두 번은 다들 짜릿하게 돈 번 경험을 해보기 때문이다. 마치 도박처럼 돈을 전부 잃기 전에는 끊기가 어렵다. 경기가 좋으면 벌 수 있으니 사람들이 관심을 갖고, 경기가 나쁘면 언제 내 계좌가 좋아질까 초조한 마음으로 더 관심을 갖는다.

대중들이 가장 잘 속아 넘어가는 방법은 옛 현인들의 이론 또는 이동평균선이며 거래량 분석을 들고 와 그럴싸한 글을 여러 번 쓰고 인지도를 얻은 다음, 몇 가지 종목을 찍은 후 나중에 잘 된 종목만 강조하여 자기가 맞췄다는 걸 홍보하는 것이다. 나중에 알고 보니 이 강사는 수익률 인증은 대체로 계좌를 여러 개 만들어 두고 좋은 수익률의 계좌를 골라서 공개하고, 금액은 미수금이나 신용거래를 받아서 인증했다가 당일 매도한 후 수익이 아닌 강의료로 호의호식하고 있었다.

선거를 앞두고는 어느 회사의 사장이 누구의 동창이라는 식의 리스트를 작성해서 올린 후 사람들이 몰려와 주가가 상승하면 팔고 빠지는 강사도 있었다. 물론 모든 강사들이 처음부터 작정하고 수강생을 속이지는 않는다. 하지만 악의가 없는 투자 고수 중에도 특정 시기에는 맞추고 그다음 시기에는 틀려서 사라진 사람들이 많다.

부동산 공부를 시작했을 때는 확실히 큰돈이 들어가는 분야다 보니 대중을 속이는 방법도 구체적이라는 생각이 들었다. 간단하게는 순자산이 아닌 대출을 포함한 금액인 '자산 nn억 원'으로 홍보하며 몇몇 중개소와 함께 일하는 것이다. '자산'이라는 개념은 참으로 신비롭다. 해석하기 나름이라 누구도 거짓말쟁이가 되지 않는다. 예를 들어 감정평가 3억 원인 집을 시세인 2억5,000만 원에 경매로 낙찰받았고, 2억5,000만 원 중 2억 원은 경락잔금대출을 받았다고 하자. 그러면 내 돈은 5,000만 원만 들어갔지만 나라에서 이 집을 3억 원이라고 평가했으니 "내 자산은 3억 원이다"라고 말하는 것도 거짓은 아니게 된다. 이를 응용하여 한 부동산의 지분을 여러 명이 나눠 투자하면 적은 돈으로 '100채 부자'가 되는 것도 크게 어렵지는 않다.

 이런 식으로 멋져 보이는 타이틀을 창조한 후 '책×강의' 또는 '신문×방송'으로 얼굴을 알린 다음 찾아오는 사람들에게 컨설팅비를 몇백만 원씩 받고 특정 중개소를 찾아가게 하거나 그 중개소의 물건을 소개하는 강사가 있었다. 수강생에게는 컨설팅비를 받고 중개업소에게는 수수료를 받으면서 미분양된 빌라나 상가를 처분하기도 했다. 어떤 유명한 강사가 미리 특정 지역의 부동산을 매수한 후 강의에서 이 지역이 곧 오를 거라고 찍어주고, 수강생들이 매수하러 오면 자기 물건을 팔았던 일을 직접 목격하기도 했다.

 어떤 경매학원은 강의를 미끼상품으로 손님을 유치하여 고액의 강의비와 경매 단계별 수수료를 별도로 챙기기도 했다. 그나마도 경매에 대한 경험이 풍부한 사람이 그랬다면 이해라도 할 텐데, 1~2년 전에 나랑 같이 기초반을 듣던 사람이 완전하지 않은 법률 지식으로 손님들을 상대하고 있었다.

 시세차익을 얻기 힘들어지는 시기가 오면 현금흐름이 나오는 종목에 사람들의 관심이 이동하는데 그곳도 매우 흥미로웠다. 호텔이나 상가 분양은 몇 퍼센트의 수익률을 회사가 직접 보장한다고 홍보하고 나서, 나중에 보면 회사 자체가 청산되어 없어지는 경우가 많았다. 사실 현금흐름을 목적으로 하는 수익형 부동산은 꾸준한 현금흐름에 적합한데, 오히려 시세차익을 노리고 몰려든 사람들 때문에 반짝 인기몰이를 하다가 금방 식는 경우가 많다. 현재 지식산업센터로 불리는 아파트형 공장도 매매가가 급격히 오르던 시기에는 상당한 인기였으나, 매매가를 올리면 반대로 월세 수익률이 낮아지기 때문에 금세 열기가 식었다.

   부동산의 특성상 물리면 소리 없이 사라지므로 일찍 일어나는 새가 먹이를 먹듯 브로커를 끼고 초기에 판매하는 강사만 돈을 벌고 수강생들은 초반에 썼던 찬양 후기만을 남긴 채 사라져갔다. 일찍 일어나는 새가 먹이를 먹는다면 반대로 일찍 일어나는 벌레는 빨리 잡아먹히는 것이다. 부지런하고 절실한 벌레일수록 높이 나는 새들의 타깃이 된다는 걸 이 시기를 통해 깨달았다. 조급하게 뛰쳐나오지 말고 좀 더 스스로 공부해서 단단하게 몸을 감싼 후, 작지만 나만의 날개를 가진 나비로 변한 다음 시작해도 늦지 않다는 것을 뒤늦게 깨달았다.

2007년,
그땐 모두가 즐거웠지

2007년은 파티장 같았다. 부동산은 규제에 아랑곳하지 않고 올랐고 코스피지수도 연초 1,300 후반에서 계속 상승해 10월에 2,000을 넘겼다. 상상이 잘 안 된다면 최근의 2020년 하반기부터 2021년 상반기의 분위기를 떠올리면 된다. 코스피지수가 사상 처음으로 3,300을 넘다 못해 전문가들이 4,000까지 간다는 인터뷰를 하던 시기. 코인 대박으로 퇴사한 동료들에 대해 소문이 돌아 가상화폐 책이며 NFT 강의가 유행하던 시기.

그때 부동산 단톡방에서는 이제는 중과세 없는 미술품을 대상으로 '아트테크'가 트렌드라는 이야기가 돌았다. 2007년에는 나도 휴학을 거듭하며 '아싸'로 6년간 다녔던 대학을 겨우 졸업하여 첫 직장에서 월급이란 것을 받기 시작했다. 당시엔 내가 가져보지 못한 중산층의 삶에 대해 환상이 있었다. 기름을 부어준 것은 한 시대를 풍미했던 만화책 『신의 물방울』이었다. 퇴근 후 깔끔한 정장을 입고 와인과 그에 어울리는 음식을 즐기는 삶.

거기에 중고등학생 때 만화를 끼적였던 경험이 이어져 대학 때도 전공과 관계없는 미술 관련 수업을 듣고 다녔기에 없는 돈을 쥐어짜 미술잡지를 구독하고 각종 전시를 보러 다녔다. 전시를 본 날이면 밥값이 없으니 빵을 씹으면서 프랑스 스타일이라고 스스로를 위로했다. 재산이 중간이어야 중산층인데 겉모습만 중산층이었다.

그런 바람이 들었던 사람은 나뿐만이 아니었다. 모두가 돈을 벌었고 모두가 즐거웠다. 남들도 다 벌었으면 사실 나는 제자리임에도, 돈은 부풀어 미술품 투자 유행으로 번졌다. 월급 받아 그림을 사서 집에서 즐기다가 값이 오르면 팔면 된다는 기사나 미술품 투자에 대한 책들이 많이 나오기 시작했다. 도서관이나 서점에 가면 미술책 코너에 항상 들렀는데, 그전까진 화가나 그림에 대한 설명이 대부분이었다면 2006년부터 점점 미술품 투자에 대한 책이 면적을 넓혀가고 있어서 흥미로웠다.

아무도 대놓고 말은 안 했지만 다들 IMF 시대의 어두웠던 과거를 뛰어넘어 새로운 시대가 열렸다고 생각했던 것 같다. 뭐랄까, 어떤 미래로 향해 나아가는 세련된 느낌? 그림은 이제 새로운 시대의 필수품이고, 이걸 알고 투자하는 나는 남들과 다르게 앞서 있지, 라는 분위기? 인기그룹 빅뱅의 노래 '거짓말'과 원더걸스의 '텔미'가 전국을 들썩이게 했던 그해.

하지만 환한 빛 아래로 조금씩 그림자가 드리워지고 있었다. 뉴스에 서브프라임 모기지(subprime mortgage)라는 단어가 조금씩 오르내렸지만 그건 먼 나라 미국의 일이라 와닿지도 않았고 한국은 집값이 기염을 토해

내고 있었기 때문에 그 열기가 더 가깝게 느껴졌다. 전문가들도 지금까지 좋았듯 앞으로도 좋을 것이라는 전망을 쏟아냈기에 딱히 의심조차 하지 않았다.

이후 미술품 투자 시장이 어떻게 되었는지는 책『미술 시장의 법칙』(마로니에북스, 2013)의 목차에 잘 정리되어 있다.

2007~2008년 중반 : 호황의 정점
2008년 중후반 : 추락하는 것은 날개가 없다
2009년 상반기 : 불황을 받아들이다
2009년 하반기 : 불황 속에서 안정을 찾다
2010년 상반기 : 극과 극을 달리다
2010년 하반기 : 투자의 방향을 다시 잡다? 재도약을 위한 시동
2011년 상반기 : 아시아, 세계 미술 시장의 중심에 서다
2011년 하반기 : 예상치 못한 변수로 고전하다
2012년 상반기 : 미술 시장, 대체 투자처로서의 검증을 끝내다
2012년 하반기~2013 상반기 : 별들의 전쟁

결국 미술품 투자도 '투자'의 영역이므로 경제 상황에 영향을 받았던 것이다. 개인적으로는 이 시기를 지나며 몇 가지 교훈을 얻었다. 첫 번째는 모든 시장은 유동성에 영향을 받는다는 것, 두 번째는 객관적 가치 측정이 어

렵거나 정가가 없는 투자 품목은 갖고자 하는 사람들의 의지로 값이 매겨진다는 것, 세 번째는 그 갖고자 하는 의지는 소유에 대한 욕망보다 상승 후 돈과의 교환에 대한 욕망이 많이 작용한다는 것. 그리고 결정적인 네 번째는 내가 팔고 싶을 때 언제든 어디서든 팔 수 있는 품목이 아니라 거래에 다른 사람이 나보다 권한이 큰 품목은 되도록 하지 않는 게 좋겠다는 것이었다.

하지만 그때는 아무것도 모른 채 충청도의 한 학교에서 교직원으로 근무하면서, 각종 재테크를 기웃거리고 월급에 중독되면 부자가 못 된다는 이야기를 가슴에 새기며 2007년을 보내고 있었다.

경제는 경제일 뿐
정치로 해석할 필요 없더라

2022년 현재는 시간이 상당히 흘렀기 때문에 많은 사람들이 서브프라임 모기지 사태와 리먼브라더스 파산이 동시에 일어나 갑자기 경제가 무너졌다고 기억하곤 한다. 하지만 두 사건 사이에는 1년 이상의 시간이 존재한다.

닷컴버블 사태 이후 2000년대 초반부터 경기부양을 위해 저금리로 돈을 풀었던 미국은 집값이 빠르게 상승했다. 사기만 하면 오르자 사람들은 대출을 받아 집을 사들였고 금융권도 저신용등급(서브프라임)에게까지 주택담보대출(모기지론)을 확대했다. 집값의 전부를 대출해줄 수 있었던 건 곧 집값이 올라 과거의 100%가 미래의 80%가 되기 때문이다. 대출을 해준 것뿐만 아니라 이 대출과 이자수입을 바탕으로 하는 갖가지 파생상품이 생겨났다. 집값이 계속 오를수록 사람들은 행복해졌다.

그런 와중에 꿀잠 자는데 엄마가 깨우는 소리가 저 멀리 들리는 것처럼 2006년 6월, 서브프라임 모기지론의 부실 문제가 거론되었다. 미국은 시중에 돈이 많이 풀려 인플레이션 문제가 불거지자 2005년부터 금리를 조금씩 올리고 있었다. 금리가 올라가니 저신용등급 대출자들에게서부터 대출 상환에 문제가 생기기 시작한 것이다.

하지만 잠깐 흔들렸을 뿐 코웃음 치듯 주가는 반등했고 부동산 시장 또한 가던 길을 계속 갔다. 대부분의 전문가들이 큰 경제시장 중 부실 모기지론은 일부일 뿐이며 노동시장이 견고하고 충분한 임금 증가가 이루어지고 있기 때문에 경제에 큰 타격은 없을 거라는 의견을 내놓았다.

엔화 하락 … "서브프라임 별거 아니네"

(머니투데이 2007.07.18.) 엔화 가치가 하락했다. 서브프라임 우려로 위축됐던 주식시장이 강세를 보이자 엔캐리 투자가 다시 늘어날 것이란 관측이 부각됐다. (후략)

2007년에도 잠깐씩의 조정이 있었을 뿐 같은 분위기가 이어졌다. 흡사 달리는데 발가락에 작은 가시가 박힌 느낌이었다. 거슬리지만 이것 때문에 멈출 것까지는 없는. 하지만 전처럼 시원하게 달려가지 못하고 혼조세를 보이는 와중에 하나둘 이름 모를 서브프라임 모기지 관련 회사들이 고용을 긴축하거나 부도가 나기 시작했다. 회사 이름까지 알 게 뭔가. 서브프라임

이라는 이름조차 처음이거늘. 중요한 단어였으면 우리가 진작 알고 있지 않았을까? 또 무슨 주식쟁이들이 겁줘서 주가를 흔들어 돈 벌어보려는 수작일 거야.

1년쯤 지나자 사람들은 '서브프라임, 서브프라임' 하지만 별일이 일어나지 않는다고 생각하게 됐다. 미국이 서브프라임 모기지 사태가 본격화되자 경제를 지탱하기 위해 계속 올리던 금리를 동결했다가 다시 내리기 시작했는데 시장은 이를 호재로 받아들였다. 그게 앞으로 일어날 하락의 신호라고는 예상하지 못했다. 올려야 하는 상황에서 내린다는 건 그만큼 당장 우리는 못 느끼지만 전문가들이 느끼는 경제 상황이나 전망이 안 좋다는 뜻이었음을 지나서야 알았다.

▼ 미국 연방기금 기준금리 추이

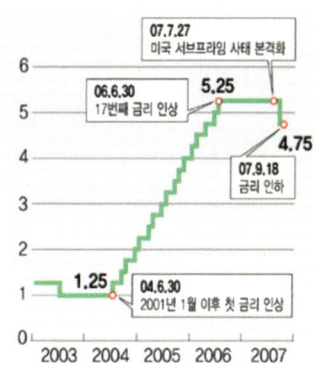

(출처 : 미국FRB, 한겨레 2007.09.19에서 재인용)

우리나라 경제 또한 미국 및 세계경제에 동조될 수밖에 없는 처지다 보니 2007년 여름, 코스피지수는 사상 처음으로 2,000을 돌파한다. 당시의 2,000 돌파는 얼마 전 우리가 겪었던 코스피 3,000 돌파와 비슷한 분위기였다. 다시 흔들려 1,700선도 붕괴되었지만 가을이 되자 다시 2,000선을 회복한다. 그러자 우리나라 코스피가 곧 최소 2,400에

> ## "2009년 코스피 3000 간다"
>
> **(머니투데이 2007.11.01.)** 신성호 동부증권 상무는 "코스피지수가 이제 다우와 같은 상승세를 시작했다"며 "2009년 코스피가 3000을 넘을 것"이라고 주장했다. (후략)

> ## 하나대투 "2009년 코스피 3,000P 간다"
>
> **(MBN 2007.11.02.)** 하나대투증권은 주식시장이 내년초 일시적인 조정을 받은 뒤 2분기 이후 본격적으로 상승해 오는 2009년에 코스피 지수가 3000선에 이를 것으로 전망했습니다. (후략)

서 3,000까지도 갈 것이라는 전망이 쏟아졌다.

 어디서 많이 본 것 같다는 생각이 든다면 착각이다. 우리는 절대 2021년에 코스피가 3,200이 되자 4,000 될 거라고 "가즈아"를 외친 적이 없다. 잠깐 나가서 울고 오신 분 계시면 여기서부터 다시 읽으면 된다.

 달콤한 과일을 한 번 맛본 사람들은 그런 생각이 들었다. 우리나라는 이렇게 가능성이 있는 나라인데, 지지부진하게 불안한 건 무능한 정부 탓이야. 안 그래도 그동안 부동산값이 좀 올랐다고 서민들이 집도 못 사게 규제하고 세금으로 빼앗고 말이야. 세계경제고 뭐고 집값 오른 건 내가 잘 사서 오른 건데 자본주의 사회에서 이게 무슨 개인의 권리를 억압하는 짓이야. 정부는 집값이 떨어지길 원하지 않아! 세금을 더 걷을 수 있기 때문이지! 역시 집값 올려서 서민 등골 빼고 세금으로 서민 등골 두 번 빼는 대통령은 안 되겠네, 내가 집 살 때는 싸야 하고 집 산 다음에는 올라야 하며 세금은 내기 싫어. 나에겐 경제를 잘 아는 대통령이 필요해.

그렇게 2007년 12월, 민주당 출신 대통령의 지지로 정치권에 발을 들였던 한 남자가 보수당에서 후보로 출마해 대통령에 당선된다. '경제 대통령'이라는 캐치프레이즈가 정권 교체를 이뤄낸 것이다.

하지만 우리는 이제 알아야 한다. 정부는 떨어지는 것도, 급격하게 오르는 것도 바라지 않는다는 것을. 집값이나 주가가 떨어져 경제를 엉망으로 만들었다는 소리도, 급격하게 올라 누군가에게 상대적 박탈감을 느끼게 해 욕을 얻어먹고 싶어 하지 않는다. 가운데 있는 정부가 원하는 건 물가상승률만큼의 원만한 상승이다.

하지만 경기는 그렇지 못하다. 애초에 우리나라는 세계경제의 영향을 많이 받아 상승과 하락을 우리가 결정할 수 없고, 경기가 오르면 사람들의 욕망이 우르르 몰려들어 오버슈팅이 되고 내리면 사람들의 두려움이 과다해져 실제보다 더 내리기 마련이다. 그렇기 때문에 과도하게 내리면 정부는 경기부양책을 쓰고 과도하게 오르면 억제책을 쓸 수밖에 없다. 어느 나라 어떤 정권이 와도 내리면 받쳐주고 오르면 눌러야 한다. 그리고 상층부의 재산을 세금으로 받아 하층부에 보냄으로써 양극화를 방지하는 게 또 하나의 역할이다. 양극화가 심화되면 그 자체로 사회적 문제가 야기되고, 하층부가 더 이상 잃을 게 없어지면 정부를 위협할 수도 있기 때문이다.

   문제는 이런 기능상의 문제를 이념의 문제로 선동하는 사람들이 있다는 것이다. 어느 정당이 당선되면 집값이 오르고 어느 정당이 정권을 교체하면 집값이 내리는 것이 아니라 거꾸로 집값과 주가가 오르거나 내리면 정권이 바뀐다. 이것은 현상일 뿐 옳고 그름이 없다. 또 한 세대는 기존 세대의 반발로 발전하기 마련이고 이념이란 옳고 그름을 모두 내포하고 있기 때문에 정권은 엎치락뒤치락하게 되는 게 자연스럽다.

   다만 사람들이 그런 선택을 하게 하는 스피커들이 있다. 책 『아비투스』에는 심리학자 니콜 스티븐스의 '가난할수록 여론에 더 많이 끌려다닌다'는 연구 결과가 나온다. 몇몇 사람이 분위기를 끌어가면 크게 관심이 없던 사람이나 잘 모르는 사람도 저 (대단한) 사람 말이 맞겠거니 하게 된다. 하지만 그들의 행동은 대체로 자신의 이익만을 추구하기 위해서일 뿐이므로 우리는 스스로 판단해야 하고, 나와 반대 의견이라고 해서 배척해서는 안 된다. 우리는 누구에게 기대 있기보다 눈을 똑바로 뜨고 내 두 발로 서서 세상을 마주해야 한다.

2장

찬란했던 나의 재테크 흑역사

2008년, 어리둥절했던
리먼브라더스 파산 뉴스

첫 취업, 교직원 2년차. 나는 취업과 동시에 재테크 강의도 다니고 사무실로 보험설계사분들도 돌아가며 오시게 해 여러 번 상담도 받고 가장 기본적인 절약과 저축도 게을리하지 않았다. 취직해서 월급만 받으면 형편이 필 줄 알았다. 그것만이 희망이었다. 하지만 1년이 지난 나는 아버지가 내 이름으로 대출 한 번만 더 받자는 전화를 받고 학교 건물 뒤에서 혼자 울곤 했다. 월급만으로는 안됐다. 인생을 바꾸려면 더 큰 돈이 필요했다.

어차피 빚 갚느라 내 월급이 흔적도 없이 사라질 거라면 얼마라도 몰래 떼어서 종잣돈을 모으고 싶어 당시에 유행하던 브릭스와 친디아 펀드에 붓고 있었다. 종잣돈이 모이면 크게 뻥튀기하고 싶었다. 아니, 반드시 해야만 했다. 장기적으로, 적금보다 조금 더 받는 정도의 수익을 추구하기엔 내 청춘이 너무 짧고 암울했다.

허황된 꿈이 아니었다. 믿으면 끌어당겨지는 게 우주의 비밀이라고 했으니까. 난 누구보다 간절했고 비전보드도 만들어 매일 생생하게 꿈꿨으니 분명 가능성이 있었다. 고지서를 보고 우울해하면 안 된다고 해서 우체통에 고지서가 꽂혀 있으면 현금이 꽂혀 있다고 상상하며 기분 좋게 뽑아들었다.

경제는 연말에 하락하는 듯했지만 봄을 기점으로 회복의 조짐이 보였다. 역시 흔들리더라도 잠깐만 버티면 우상향은 진리다. 우리나라는 IMF 사태를 겪었고 이후 대비를 철저히 했으니 그때와는 다르다. 암, 그렇고말고.

바닥 판단 이르지만 추가 하락은 제한적

(서울경제 2008.03.18.) "단기간 너무 많이 빠졌다" 저점 확인론 솔솔 (후략)

그런 마음이니 시간이 지날수록 직장이 답답했다. 밖에는 부자가 됐다는 사람들 천지인데 나는 월급에 중독되어 인생 하나 바꾸질 못하고 있는 바보였다. 하필 직장이 경기도와 충청도의 경계선이라 칼퇴근하고 강의를 가려 해도 번번이 늦었다. 거기다 운명처럼 직장 내부상황이 상당히 좋지 않았다. 검색해보니 사회면에서 학교 이름을 쉽게 찾아볼 수 있었다. 그렇다. 여길 나가야 했다.

그러던 가을 어느 날, 리먼브라더스라는 미국의 금융회사가 파산이라는 뉴스가 나왔다. 낯선 이름. 찾아보니 서브프라임 모기지 부실이 누적되자 파산설이 이미 돌았고 인수나 구제에 대한 논의가 꽤 오래되었다는 걸 알 수 있었다. 하지만 미국도 모기지 구제책을 펼치고 있었고 한국증시가 일개 다른 나라 회사 하나에 흔들릴 것이라고는 단 한 번도 예상하지 않았다. 그저 매번 불어오는 경제를 흔드는 바람 중 하나일 뿐이라고 느껴졌다. 내 펀드들은 박살이 나고 있지만 바람은 곧 멈출 것이다. 고작 이런 작은 바람이, 내가 회사를 때려치우고 부자가 되는 여정을 가로막을 수는 없었다.

리먼 파산 보호 신청, 국내 직접 영향 없다
[이창용 부위원장]

(연합뉴스 2008.09.15.) 이창용 금융위원회 부위원장은 15일 "리먼브라더스가 파산 보호신청에 들어갔지만 국내에 미치는 직접적인 영향은 없다"고 밝혔다. 이 부위원장은 "며칠 전부터 이러한 사태를 예상하고 준비를 해왔다"면서 "국내금융기관들의 리먼브라더스에 대한 직접적인 익스포저(위험 노출액) 규모는 제한적"이라고 말했다.

서브프라임, 심각한 위기 오지 않는다

(머니투데이 2008.01.24.) "서브프라임 사태로 인한 여파가 당분간 지속될 것으로 보이지만 세계경제가 심각한 위기상황에 이르지는 않을 것이다." 이경태 대외경제정책연구원장은 24일 서울 코엑스 인터콘티넨탈 호텔에서 열린 국제경영원 포럼에서 '2008년 대내외 경제전망과 대응전략' 토론회 중 '세계경제의 예상변화와 대응전략'에 관한 주제발표를 통해 이같이 말했다. (후략)

[금융시장위기] 한은 금리인하 배경 및 전망

(부산일보 2008.10.27.) 한국은행이 27일 긴급히 임시 금융통화위원회를 열고 금리를 전격적으로 0.75%포인트나 인하하고 은행채를 매입해 주는 등 시장의 예상을 깨고 파격적이고 실질적인 조치를 결정한 것은 그만큼 금융시장과 경제상황이 다급하게 돌아가고 있기 때문이다.

LG경제연구원 송태정 연구위원은 "금리인하 조치가 나오면서 우리 경제의 뇌관인 부동산 가격의 폭락을 막는 데 기여할 것으로 기대되고 있으며 은행채 매입으로 금융권의 자금난을 해소하는 데도 도움이 될 것"이라고 내다봤다. 그러나 시장 일각에서는 한국 금융시장 불안은 글로벌 신용경색과 세계 경기침체에 따른 것이어서 금통위의 이런 조치들이 큰 효과를 거두기는 어려울 것이라는 의견도 있다. (후략)

2009년, 부동산 데드캣바운스와
100억 부자들의 몰락

2008년부터 새 대통령은 빠르게 부동산 규제 완화 조치를 취했다. 활황기였기에 나왔던 전 정권의 규제책을 분위기가 불안하게 흘러가자 다시 돌려 미분양주택의 취등록세율과 종부세율을 연달아서 인하했다. 가을에는 가계대출이나 일시적 1가구 2주택 기간도 늘려주고 이어서 강남3구를 제외한 나머지 지역의 투기지역을 해제했다. 겨울에는 드디어 다주택자를 포함해 양도세를 풀어주었고 한강변 초고층 아파트 재건축을 허용해 2009년 봄은 조금 다른 분위기로 맞이하게 되었다. 이 모든 게 1년도 안 되어 가능하다는 사실을 그때 처음 알았다.

미국도, 한국도 기준금리를 급속도로 인하했으며 거기에 따라 봄부터 주가도 상승했다. 거래량이 급감했던 부동산 시장도 이런 조치들로 인해 다시 훈풍이 부는 듯했다. 특히 주춤했던 재건축·재개발 분야가 다시 움직이는 듯했다. 용산 재개발 지역에서 철거민과 경찰이 목숨을 잃었던 용산

▼ 한-미 기준금리 추이　　　　▼ 2009년 증시 지표

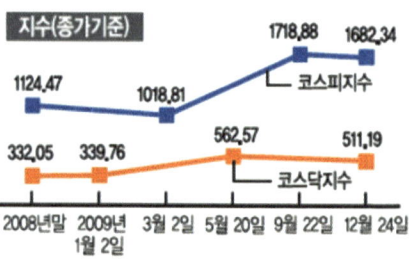

(출처 : 한국은행 및 FED,
연합뉴스 2010.12.09에서 재인용)　　　　(출처 : 국민일보 2009.12.27)

참사도, 개포주공 등 강남 지역의 재건축 아파트가 일제히 상승한다는 뉴스가 나온 것도 모두 2009년이었다. 정부는 DTI를 하반기에 다시 조이며 시장과 밀당을 했다. 자연스러운 일이다.

개포주공이 삼성전자 주식보다 2배 더 벌었네!

(한국경제 2009.12.03.) 개포주공 10년 상승률 344%…삼성은 158%, 서울 평균 집값 상승률은 173% (후략)

역시 IMF 사태 때와는 달라. 시대는 변했고 우리는 예전의 우리가 아니

지. 우리는 1년 만에 세계적인 위기를 극복했고 분위기가 전처럼 아주 뜨겁지는 않지만 장기적 우상향은 역시 진리야. 그런 분위기 속에 나는 이상하게 재취업이 안 되고 있었다. 2009년 2월을 마지막으로 교직원을 그만두고 처음엔 퇴직금으로 신나게 듣고 싶었던 강의도 듣고 운동도 다녔다. 그렇게 여름이 지나자 예상만큼 투자가 잘 되지도 않았고 집은 어려운데 당장 들어오는 현금이 없다는 게 심리적으로 굉장한 압박이 되었다.

가을이 되자 힘든 형편에 대학까지 보낸 딸이 집에 있음을 눈치 주시는 아버지의 눈초리에 낮에는 아르바이트를 하며 좋아하는 분야나 회사에 이력서를 넣기 시작했는데 전혀 통과되지 않았다. 연말이 다 되도록 취업이 되지 않자 춥고 컴컴한 방에서 밤새 닥치는 대로 이력서와 자기소개서를 작성해서 넣어 보았지만 마찬가지였다. 경기 불안정에 의한 고용 축소가 뉴스가 아닌 개인의 삶에 이렇게 영향을 미친다는 게 믿기지 않았다. 딱 한군데만 합격하면 최저임금이라도 가려고 했다. 설마 나 하나 갈 곳이 없겠어? 라고 생각했는데 현실은 차가웠다.

경기가 굳고, 소비가 위축되고, 그래서 기업이익이 감소하고, 그에 따라 고용이 불안해지고, 자잘한 회사의 도산 뉴스가 하나둘 들려오다 나중에는 무감각해졌다. 서민들의 수입인 월급의 원천이 불안정해지자 금리가 내리고 주가는 올라도 쉽게 경제가 반전되지 않았다. 서민들은 수입이 안정되어야 그 돈으로 집의 대출원리금을 내고 생활비도 쓰고 남는 돈으로 주식투자도 한다는 아주 기본적인 생각을 그제야 하게 되었다. 그전까지는 자

> ### 30~40대 아빠들도 고용 한파 …
> ### 청년층, 여성 이어 직격탄
>
> **(국민일보 2009.10.29.)** 29일 통계청에 따르면 리먼브라더스 사태가 터진 지난해 9월 청년층(15~29세)의 취업자 수는 전년 동월 대비 8만3,000명 감소했다. 이후 10월과 11월에 각각 16만2,000명, 18만 1,000명이 줄어들면서 빠른 속도로 청년들의 고용 사정이 악화되기 시작했다.
>
> 청년들의 일자리 문이 가장 먼저 좁아진 이유는 기업들이 미국에서 시작한 글로벌 경제위기를 감지, 경영 불안을 느끼면서 아예 신규 채용의 문을 닫아버리거나 채용 계획을 연기한 데 있다. 중소기업중앙회에 따르면 실제로 당시 국내 중소기업의 65% 정도가 새로 인력을 뽑지 않았다. (후략)

산이 계속 오른다는 생각에 노동소득이 우스워 보였기에 미처 체감하지 못했다. 시간이 더 흐르자 사람들의 희망과 착각으로 만들어진 2009년의 '데드 캣 바운스(dead-cat-bounce)'를 지나 실물경제는 다시 침체기로 들어섰다.

의도치 않게 세입자의 전세금을 돌려주지 못하는 사람부터 일부러 더이상 잃을 게 없는 신용불량자를 앞세워 몇십, 몇백 채의 집을 매매가보다 비싼 전세가로 맞춘 후 도주하는 사람, 월세를 전세로 계약해 차액을 가로챈

중개사까지 서민의 사건사고부터 서서히 터져 나왔다. 곧 수영장에 물이 빠지자 팬티를 입지 않고 있던 사람들이 드러났고, 서서히 '선한 영향력'을 운운하며 부자의 길을 안내해 준다더니 강의료와 컨설팅비로 먹고 살았던 몇몇 주식·부동산 고수의 민낯 또한 드러났다. 20대 시절 처음 강의를 들었던 '100억 부자'를 사회면에서 보게 된 건 몇 년 지나지 않아서였다.

유명 재테크 강사의 사기극

(매일경제 2015.12.20.) (전략)재판부는 "이씨는 실제로는 그만한 재산이 없으면서 '39세 100억 젊은 부자'라는 문구로 수강생을 모집하고 허위 경력과 재력을 과시했다"며 "수강생들이 자신을 믿게 만든 후 투자금을 편취해 죄질이 좋지 않다"고 지적했다.(후략)

세입자 억대 전세금 슬쩍

(뉴시스 2009.09.25.) A씨는 지난해 2월 인천 남구 문학동의 한 오피스텔을 관리하면서 세입자들과 전세계약을 맺은 뒤 마치 월세를 준 것처럼 계약서를 위조하는 수법으로 이 같은 범행을 저지른 것으로 조사됐다.(후략)

500억 벌었다던 경매고수 사기 혐의로 기소

(한국경제 2010.06.03.) 20만 원으로 부동산 경매를 시작해 2년 만에 50억 원을 번 것으로 소문났던 경매고수가 사기 등 혐의로 쇠고랑을 찼다. (후략)

TV출연 주식고수 사기죄 항소심 집행유예

(뉴스엔 2011.06.21.) 수원지법은 케이블 및 공영방송 등 TV 프로그램에 주식고수로 출연하게 된 것을 계기로 투자하지도 않은 돈을 투자했다고 속여 주식투자 비법을 소개한다며 수강생을 모집해 돈을 가로채고 피해를 입힌 혐의(사기 등)로 기소된 유 모(30) 씨에 대한 항소심에서 1심과 같이 징역 8월, 집행유예 2년을 선고했다고 6월 21일 밝혔다. (후략)

2010년, 사실은 누구도
집값이 내리길 바라지 않았다

그토록 집값을 잡아야 한다고 했던 사람들은 막상 정말 찬바람이 불자 당황했다. 주식보다 부동산 경기가 삶에 큰 영향을 미치는 건 집은 생필품이고 주식을 집값 정도로 운용하는 사람은 거의 없었기 때문이다. 서민들은 사실상 집이 전 재산이라 집값이 떨어지자 대출만이 남아 원리금 상환이 상당히 부담되었다. 이사를 가려 해도 집이 잘 팔리지 않았다. 특히 막바지 대형평수가 유행할 때 인천 연수동 대형으로 내 집 마련을 하셨던 아는 분은 남편과 다퉜다며 눈물을 보이셨다. 이맘때 생긴 단어가 '하우스푸어(house-poor)'다.

그런 시기가 닥치자 대학생 때 명동에서 아르바이트를 했던 기억이 떠올랐다. 그때 정확히 무슨 일인지는 모르고 시키는 대로 「벼룩시장」 같은 무가지에 실린 부동산 매물 내놓는다는 광고의 전화번호로 닥치는 대로 전화를 걸어 부동산 교환을 권유하는 멘트를 했다. 그 시절에는 일자리도, 각종 거래도 그런 무가지를 통해 이루어졌었다. 집이 한창 어려울 때 부모님께서 길에 그런 신문을 꽂는 일과 우유 배달을 했었기 때문에 기억이 생생하다. 그 부동산 회사는 교환이 성사되면 수수료를 받았는데 나중에 한 부동산 책에서 불황기에 환금이 잘 안 되니 그렇게 한다는 이야기를 접하게 되었다.

재건축 재개발도 외곽부터 하나둘 멈추기 시작했다. 공부했던 용적률이며 대지지분, 사업성 분석 등은 부동산 경기가 안 좋아지니 무색해졌다. 동네 아주머니들을 만나면 몇 년 전만 해도 올라가는 집값에 다들 인천 재개발 빌라와 부천 뉴타운 빌라를 몇 개씩 잡아놓고 웃음꽃이 피어있었는데 분위기가 완전히 달라져 있었다. 다들 팔 수도 없고 새로 지을 수도 없으니 차라리 해제라도 해줬으면 한다며 한숨을 쉬었다.

재건축으로 유명한 서울의 몇몇 동네도, 현수막만 붙이면 들썩이던 재개발 구역도, 버블세븐이라 이름 붙일 만큼 '핫'했던 곳도 모두 순식간에 잠잠해졌다. 재개발·재건축이 어느 정도 진행된 곳은 정말 될 것만 같았는데도 멈췄다. 인근 집값이 떨어져 시공사에서 분양가를 낮춰 잡아야 하고, 혹시라도 미분양이 나면 지어봤자 손해라는 계산이 되는 순간 더이상 진행이 되지 않았다. 상승장 막바지에 막 시작한 곳은 말할 것도 없었다.

그 모습을 보고 재건축·재개발의 전제는 '인근 집값 상승 → 새 아파트가 높은 가격으로 분양했는데 완판 → 낡은 우리 아파트도 위치는 빠지지 않으니 공사비를 들여 새 아파트로 바꾸면 그 이상 벌 수 있다는 기대'이고 프리미엄은 '헌 아파트 + 공사비'와 '새 아파트가 되면 받을 수 있겠다는 기대 가격'의 차이라는 점을 배우게 되었다. 결국은 상승장이 아니면 '기대'가 없으니 진행이 안 되는 것이었다. 재건축·재개발도 이런 상황인데 더 헐렁하게 진행되는 지역주택조합 물건은 말할 것도 없었다. 까보니 진행은 전혀 안 되어 있고 조합장이 사업비를 다 써버린 상황이 태반이었다. 원수에게 지주택을 추천하라는 말도 나왔다.

당시 살던 집이 인천이라 주변에 송도 분양권 투자를 하셨던 분들도 꽤 계셨는데 도저히 말을 꺼낼 수 있는 분위기가 아니었다. 분양권을 하나만 사는 사람이 거의 없었기 때문에 근심은 채 수만큼 배가 되었다. 계약금 10%만 있으면 가능하다는 분양권은 여차할 경우 남은 90%를 감당해야 하는 어려운 투자였다. 분위기가 냉각된 시기에 입주장까지 겹치면 전세 맞추기도 말처럼 쉬운 게 아니었기 때문이다.

집값이 오르는 걸 기대하지 못하게 되자 오피스텔 등 수익형 부동산이 인기를 얻었고 건설사들은 미분양이 누적되자 분양을 연기해 공급이 줄어들었다. 정부는 미분양 대책, 대출 완화 정책을 차례로 내놓았지만 한 번 방향을 잡은 부동산 시장의 분위기는 쉽게 바뀌지 않았다.

자주 들르던 인터넷 재테크카페도 분위기가 완전히 달라졌다. 그동안 좋았던 투자 수입 믿고 직장 그만둔 사람들의 후회, 앞으로 더 폭락할 거라는 이런저런 숫자를 가져와 말하는 사람들과 상승을 말하는 글에는 사기꾼 같으니 계좌 인증을 하라는 댓글이 즐비했다. 오세훈 시장이 버티고 있는 용산 등 입지 좋은 곳은 선방하는 것 같았지만 금액이 나와는 너무나 상관없는 곳이기에 점점 카페에 들어가 보는 게 심적으로 지쳐갔다.

그 시기에 잘 될 때 리스크 관리와 현금 보유를 해놔야 한다는 생각과 절대 직장을 그만두면 안 된다는 교훈을 얻었다. 리스크 관리라는 게 특별한 게 아니라 상황이 좋을 때 자잘한 것들은 뭉쳐 좋은 것으로 갈아타고, 대출은 금액 자체가 아니라 매달 내는 원리금이 부담 없을 정도로 받는 것 정도만 해도 크게 흔들릴 일이 없었다.

대출, 전세금 등 레버리지를 활용한 투자가 좋을 때는 성과가 두 배지만 나쁠 때는 손실도 두 배가 되고, 성과의 기쁨보다 손실의 아픔이 훨씬 뼈에 사무친다는 걸 사람들의 아비규환에서 깨달을 수 있었다. 그렇다고 레버리지를 전혀 안 쓰는 건 뛰어갈 수 있는 체력임에도 굳이 걸어가는 것과 같아 보였다. 내가 관리 가능한 금액이 얼마인지 파악하는 것이 가장 중요하다는 생각이 든 건 집을 월세로 옮기고 그 돈으로 무리하게 투자했던 사람이 결국 모두 날려서 가족들이 고통받고 있다는 이야기를 전해 들었을 때였다.

이 어두운 시기를 거치며 부자가 되고 싶다는 꿈이 점점 평범하게 별 탈 없이 살고 싶다는 꿈으로 바뀌어 갔다. 그토록 동경했던 부자가 그저 과장된 홍보로 자기를 팔아 내가 내는 강의비로 생계를 해결해야 한다면, 돈으로 사람들의 우열을 나눠 누군가는 지나치게 숭배하고 누군가는 지나치게 경시한다면, 돈이 실제로 많지만 더 많은 돈을 갖기 위해 안간힘을 쓰다가 경기의 흔들림에 일반인보다 두세 배 취약해진다면 그게 내가 원하던 미래의 내 모습이었나 하는 생각이 들었다.

경제적으로 힘들었던 시절 때문에 보이지 않았던 돈 말고 더 중요한 것들이 보이기 시작했다. 내가 내 중심을 가지는 것, 나만의 삶의 가치관을 내가 구축하는 것. 내가 정말 원했던 건 큰돈을 벌어 떵떵거리는 사람이 되는 게 아니라, 그저 남들처럼 돈 걱정 없이 매달 안정적으로 수입이 생기면 알뜰하게 관리하고 원하는 만큼 저축도 하면서 살아보고 싶을 뿐이었다는 걸 알게 되었다. 그리고 평범한 인생도 다들 엄청나게 노력하는 사람들이며 거기까지 가는 것도 큰 목표라는 사실도 깨달았다.

그때 주식시장은 조금 다르게 빠른 회복 움직임을 보였다. 부동산과 주식의 사이클 바퀴의 크기가 다르다는 생각을 그때 처음 했다. 돌이켜보면 IMF 때도 주가는 먼저 빠르게 회복했었다. 근무했던 직장의 상사들도 모두 요즘 누가 부동산 투자를 하냐며 사석에서 주식 종목에 대해 이야기 나누는 모습을 자주 목격했다. 당시 나는 파견회사에서 이 회사는 파견직도 정규직으로 전환할 수 있고 실제 한 사람도 있다는 말만 믿고 연초에 한 금융권 회사로 들어갔던 터였다.

남자친구 집에서 결혼 이야기가 나왔기에 언제까지 좋은 취업 자리만 바라보고 살 수는 없었다. 일단 어디라도 들어가서 결혼자금을 모아야 했다. 어디에 돈을 모아야 이자를 많이 줄까 열심히 여기저기 검색해보고 알아보다가 집 근처인 구월동의 에이스저축은행과 좀 더 지점이 많아 이용하기 편해 보이는 부평의 토마토 저축은행에 저축을 시작했다.

저축은행발 PF 뇌관 터지나

(매일경제 2010.12.22.) 그간 수면 아래에 있었던 저축은행 부실 문제가 불거졌다. 이는 금융위원회가 부실 프로젝트파이낸싱(PF) 채권 매입에 필요한 구조조정기금 3조5,000억 원을 4조5,000억 원으로 증액해줄 것을 요청하는 과정에서 드러났다. (후략)

금감원 김용환 부원장, 저축은행 파산 우려 일축

(폴리뉴스 2010.12.24.) 김 부원장은 13일 KBS 라디오 프로그램에 출연해 최근 저축은행들의 파산 우려가 제기되고 있다는 지적에 대해 "그런 염려는 없다"고 말했다. 김 부원장은 "현재 자본 확충과 부실자산 매각 등이 계획대로 이행되고 있다"며 "현재 자본 확충이 7,000억 원, 무수익자산 처분이 2조2,000억 원 정도 처리된 상태"라고 강조했다. (후략)

2011년, 글로벌 경제위기와 미국의 부양책

2010년 겨울, 그동안 모은 적은 돈으로 어찌어찌 무사히 결혼식을 마쳤다. 그사이 부모님도 끊임없이 노력해 어느 정도 궤도에 올랐기에 더 이상 내 월급을 드리지 않아도 생활이 유지되었다. 또 100만 원 중반의 파견직 월급에도 결혼자금을 모을 수 있게 배려해주셨다. 정말 감사한 일이다. 이제는 제로 상태에서 다시 시작할 수 있다는 생각에 행복했다.

작은 업체의 개발자인 남편과 앉아 이야기를 나누었다. 아마도 우리가 회사를 다닐 수 있는 나이는 지금의 팀장님과 본부장님 나이를 미루어 보아 40대 중반까지. 2011년에 서른 살이 된 동갑내기 부부는 15년 뒤 미래가 불투명하다는 걸 직감했다. 가계부와 대화로 우리가 꿈꾸는 '평범한 미래'를 위한 대비에 인천 20평대 집 3억 원, 현금흐름용 종잣돈 4억 원, 노후자금 1억 원이 필요하다는 결론을 내렸다.

하지만 두 사람의 월급을 합쳐도 다른 한 사람 월급도 안 되는 상황이라 월급만으로는 아무리 계산해도 15년에 8억 원은 불가능했다. 일단 결혼 첫 달은 보험을 다시 세팅하고 두 번째 달부터 유료 재무상담도 받아 보았지만 뾰족한 수가 없었다. 결국 주식은 직접투자 대신 펀드에 가입하고 세이브된 시간으로는 과거 부동산 강의를 쫓아다녔던 내가 경매를 본격적으로 배우기로 했다.

왜 경매냐고 하면 '이제는 집값이 오르는 시기는 끝났다, 인구가 줄어들고 핵가족화가 진행되었기 때문'이라는 분위기가 팽배했기 때문이다. 집값이 오르지 않는다면 정상가보다 조금이라도 더 싸게 사서 정상가에 팔아 돈을 벌어야 한다고 생각했다. 회사 옆 건물에 유명한 경매학원이 있길래 기초반을 등록했다. 그런데 다들 비슷한 생각을 했던지 강의실이 미어터졌다. 그곳에서 2년 동안 기초반, 중급반, 특수물건반, 임장반 등을 차례로 수강했다. 야근이 일상인 회사라 잠깐 나가는 척 해놓고 강의 듣고 다시 들어가 일을 마무리하고 밤늦게야 퇴근하곤 했다. 아이는 생활비를 계산해보니 남편 월급이 300만 원은 되어야 감당 가능해서 연봉상승률을 고려해 2년 뒤에 낳는 걸로 약속했다.

그 시기에 재밌는 분을 만났다. 신혼집 근처 한의원에서 옆에 앉은 한 아주머니와 수다를 떨게 되었는데 인천 서구 쪽에 큰 저택을 갖고 있는 분이라고 했다. 남편은 교감선생님으로 정년퇴직했고 아들은 장가보낸 후 옆에 집 한 채 더 지어서 살게 했다고 한다. 며느리는 직접 아이를 키웠으면 해서 직장 안 다니는 대신 월 몇백만 원의 생활비를 지원하고 있다고. 그런데 자꾸 부동산에서 팔라는 전화가 온다고 했다. 그런 큰 고급 주택은 아는 사람들끼리 안에서 사고판다는 설명도 들을 수 있었다. 자세히 들어보니 돈 많은 사람들이 사고파는 집은 불황에도 영향이 거의 없었다.

양극화였다. 일반 아파트도 그랬다. 다 같이 하락했지만 상승장에 새집이라는 이유로 인기였던 수도권 외곽의 아파트는 시간이 지나 헌 아파트가 되자 상승분을 상당히 반납했고, 중심의 헌 아파트들과 입지에 따라 다시 키를 맞춰 섰다. 남들이 새 아파트를 찾아갈 때 흔들리지 말고 안으로 진입했어야 했던 것이다.

신기한 건 중심부에 사는 친구들 만나면 대체로 그냥 부모님부터 거기서 살았기 때문에 계속 살고 있고 자신도 굳이 이곳을 떠날 생각이 없다는 이야기를 들었다. 그래서 남들이 우르르 몰려가는 대로 가지 않고 가만히 있다 보니 집값이 올랐고 막상 오르내리는 건 신경 쓰지 않으면서 부가 세습되고 있었다.

돈보다 중요한 건 그런 감각이라는 생각이 들었다. 특정 동네, 특정 직업, 특정 계층에 대한 과도한 환상 없이 그냥 여기도 평범하게 사람 사는 동네고 어릴 때부터 같이 까불던 동네 친구인 걔가 뭔가를 했다면 나도 할 수 있겠다는 느낌.

경매학원을 다니면서 다시 부동산 투자 책들을 열심히 읽었다. 다행히 우여곡절을 겪으며 정규직이 되어서 계속 다니게 된 여의도 직장까지 왕복 출퇴근하는 3시간 정도면 충분히 한 권을 읽을 수 있었기에 매일매일 읽었다. 점심시간에는 뉴스와 카페 글을 보고 주말에는 남편과 책이나 기사에 나온 곳을 둘러보며 데이트했다. 책을 보니 돈 벌어서 빌딩 샀다는 사람은 IMF 때 헐값에 넘어가는 부동산을 줍줍했다는 이야기가 여러 번 반복된다는 걸 발견했다. 위기가 곧 기회였다. 하지만 바닥을 확인하고 사도 늦지 않았다. 부동산은 걸음이 크기 때문에 섣불리 선집입 했다가는 너무 오래 돈이 묶여 있게 된다.

종잣돈을 모으며 이런저런 걸 배우러 다녔던 신혼 1년차. 봄에는 동일본 대지진이 일어났고 가을에는 미국 신용등급 강등으로 경제는 다시 휘청거렸다. 글로벌 경제위기에 미국은 부양책으로 서브프라임 사태 때 내리기 시작한 금리를 매우 낮은 수준에서 장기간 유지하기로 선택했다. 금리가 낮으니 사람들은 쉽게 은행에서 돈을 빌려 갔고 시중에 돈이 많아졌다.

이 양적완화는 당시 연방준비제도이사회 의장인 벤 버냉키가 헬리콥터처럼 돈을 뿌린다고 해서 '헬리콥터 머니', '헬리콥터 벤'이라는 별명을 만들어냈고 유래 없는 장기간의 주가상승을 유발했다. 양적완화는 2014년까지 이어졌는데 이 시기 이후 '파이어족'이라는 단어가 생겨났다. 이는 극단적인 절약으로 종잣돈을 모아 꾸준히 오르는 주식에 넣어두고 은퇴하는 사람들을 지칭한다. 한국에는 2018년 유입되어 센세이션을 일으켰다.

그 사이 한국은 가을에 저축은행 영업정지 사태가 벌어졌다. 하하…. 과거 브릭스 펀드, 친디아 펀드 폭락에 이어 이런 일까지 닥치니 웃음밖에 나오지 않았다. 부도 안 난다며! 경기침체도 안 온다며! 물론 5,000만 원까지는 예금자보호를 해줘서 원금은 잃지 않았지만 처음에는 이걸 돌려받을 수는 있는 건지 불투명했다. 사실 5,000만 원까지 보호해 준다는 것도 이 일을 겪으면서 처음 알게 되었다. 나중에 집으로 우편물이 와서 내가 넣었던 액수와 돈을 받아가는 방법을 안내받았는데 원금만 보장이고 이자는 못 받는다는 것도 그때 처음 알았다. 펀드도 그렇고 저축은행 사태도 그렇고 차라리 그렇게까지 돈, 돈 거리며 열심히 알아보지 않았다면 어땠을까. 얼마 차이도 안 나던데 넣고 빼기 좋은 집 근처 은행에서 적금 넣고 그렇게 아낀 차비와 기력으로 아르바이트나 할 걸.

저축은행 영업정지

(조선비즈 2011.12.19.) 금융감독당국은 지난 1월 삼화저축은행을 시작으로 부산, 대전, 부산2, 전주, 중앙부산, 보해, 도민 등 상반기에만 8개의 저축은행에 '영업정지'라는 철퇴를 내렸다. 이들 저축은행은 부동산 프로젝트 파이낸싱(PF) 형태로 불법 대출을 일삼아오다 부동산 경기가 장기 침체 국면으로 빠져들면서 부실채권이 급증해 문을 닫고 말았다. (후략)

부동산은 재테크 카페에 새로운 이야기가 종종 올라왔다. 미분양의 무덤이라 소문이 자자했던 대구가 오르고 있다는 이야기였다. 에이, 설마. 올라봤자 조금이겠지. 서울만 하겠어? 그런 글을 볼 때마다 나는 그냥 지나치고 열심히 경매학원 사람들을 쫓아다녔다. 회사에 휴가를 내기가 힘들어 입찰을 가뭄에 콩 나듯 했으니 임장만 들입다 하고 낙찰은 영 되지 않았다.

사실 떨어질 때마다 속으로 안도했던 것 같다. 자신이 없었기 때문이다. 돈이 거의 없으니 인천의 빌라 정도만 쳐다보는 처지였다. 인천의 반지하 빌라에서 월세 살아본 경험으로는 이웃들이 없는 형편에 제때 월세 내기도 힘들었다. 명도도 걱정됐지만 내보내고 월세 세팅을 해 월세 받은 걸로 이자 내고 돈을 남겨야 하는데, 낡아가는 빌라는 자주 고장났고 잃을 게 없는 사람들에게 돈을 받아내기란 여간 힘든 일이 아니었다.

우리 부부는 아직 젊어 월세가 필요하지 않으니 낙찰받아 올수리해서 되팔면 500만 원 남기는 이른바 '오백떼기'로 종잣돈을 불리기로 했다. 경매학원 사람들도 500만 원만 남기면 좋겠다는 이야기를 자주 나눴다. '천떼기'는 바라지도 않았다. 우리는 나중에 월세가 필요하면 상가를 사기로 결정했다. 아파트는 수익률이 낮고, 상가는 세입자가 직접 인테리어를 하고 들어가고 생계가 달린 작업장이기 때문에 차라리 더 나아 보였기 때문이다.

학원 사람들의 낙찰 소식이 연이어 들려오니 조급해졌고, 어린 나이와 함께 여러모로 자신이 없던 나는 어딘가에 기대고 싶었다. 그래서 신혼집을 담보로 대출을 받아 학원의 실전반에 들어갔다. 한 사람당 2,000만 원씩 내고 그 돈으로 공동투자를 하는 모임이었다. 하지만 시간이 흘러 2012

년 하반기가 되자 낙찰받았던 사람들은 잔금 낸 후 수리해서 팔려고 내놓은 사이에 급매가가 더 떨어져 있어 손해가 났고 그나마도 거래가 되지 않았다. 사람들은 하나둘 사라졌고 실전반은 싸움이 나서 와해되었다.

옆자리에서 같이 강의를 듣던 사람 몇몇은 경매 컨설턴트가 되어 있었다. 아, 비싼 컨설팅비를 내고 이용하는 고수가 실상은 겨우 이 정도 배우고 하는 거였구나. 투자 수익보다 컨설팅비가 주 수입원이구나. 낙찰을 받게 해줘야 수수료를 받으니 낙찰가를 높게 쓰고 의뢰인 속상하지 말라고 '바지 입찰자'를 내세워 비슷한 금액으로 2등 입찰도 하는구나. 그렇게 경매학원을 다닌 2년 동안 생생한 생활의 지혜를 듬뿍 얻을 수 있었다.

2013년, 또 한 번의 대선과
한국의 부양책

2012년 12월에는 대한민국 최초 여성 대통령이 탄생했다. 경매학원 옆방이 당시 다른 후보 선거사무실이라 유난히 가깝게 느껴졌던 대선이었다. 그렇게 차가운 겨울을 지나 2013년 2월에 새 대통령은 업무를 시작했고 나는 조금씩 출산휴가와 육아휴직을 준비했다. 그해 3월에 남편 연봉이 올라 월급이 드디어 300만 원이 넘을 예정이었기 때문에 4월 초 출산을 계획했는데 기가 막히게 계획대로 임신이 됐던 것이다.

회사를 쉬자 갑자기 시간이 많아졌다. 조리원에서, 또 퇴원해서 한 손으로는 아이 모유 수유를 하면서 한 손으로 핸드폰으로 재테크 카페와 기사를 뒤지곤 했다. 부동산 경기가 계속 악화되자 전 대통령 시절에 투기지역 해제나 전매제한 완화 등 대부분의 규제는 사라졌지만 그걸로는 분위기가 바뀌지 않았다. 끝까지 용산을 밀던 서울시장이 뜬금없이 무상급식 문제로 2011년에 사라지고 나니 2013년에는 결국 용산 개발이 무산되었다.

떨어지는 집값에 서민들의 불만이 높아지자 새로 당선된 대통령은 취임하자마자 한층 더 강력한 부양책을 내놓았다. 이때 나온 게 그 유명한 1가구1주택자의 집을 사면 5년간 양도세가 면제된다는 정책이다. 이어서 공공택지지구 개발을 대규모 중단하면서 공공부문 공급물량을 연간 약 7만 호에서 2만 호로 줄이는 파격적인 정책과 취득세 면제 등을 발표했다.

그 시기 우리 부부는 인천 부개동의 오래된 복도식 아파트 17평 2층에서 둘이 살 때는 몰랐던 불편함을 느끼고 있었다. 갓난아기가 잠들면 설거지 소리에 깰까봐 불 끄고 조용히 아무것도 안 하고 있어야 하거나 옷방에 숨어 몰래 치킨을 뜯어먹곤 했다. 안방은 우리 침대와 아이 범퍼침대, 아이 용품을 담은 서랍장과 장난감 몇 개를 놓으니 꽉 차버렸기 때문이다. 어느 날 남편이 집에만 오면 우울해진다고 털어놓았다.

아이 낳기 전까지 모아놓은 돈이 있었기에 근처 조금 더 넓은 집의 전세를 보러 다녀봤는데 상황이 심상치 않았다. 집을 보러 가려고 아기띠를 하고 있으면 전세가 나가고 없을 정도로 전세난이 심각했다. 한 번은 부동산에서 집까지 걸어가고 있는데 나가 버렸다길래, 여기까지 온 김에 내부 구경이라도 시켜주면 다음엔 우리도 집 안 보고 바로 계약금을 쏘겠다고 졸랐다. 그렇게 본 집은 안방 문짝이 없었고 사방이 곰팡이였다. 그런 집도 안 보고 나갈 정도였다.

그때 처음으로 부동산 공급물량에 대한 개념을 체감할 수 있었다. 당시엔 앞으로 인구가 줄어들어 부동산은 틀렸다고 하지만, 만약 인구가 100명일 때 집 200개를 지으면 집값이 떨어지는 것이고 인구가 60명으로 줄어들었지만 집을 30개만 지으면 전셋값이나 집값은 올라가겠구나 하는 생각이 들었다. 기존에 지어놓은 집이 있지 않냐고 하겠지만 오래된 집은 사람들이 거주 후보에 넣지 않았고 대신 나중에 상승장이 무르익으면 재건축·재개발 호재라며 성큼 가격을 따라잡았다. 결국 가격은 공급과 수요의 접점에서 형성되고, 수요는 살고자 하는 마음과 갖고자 하는 마음의 합계라 분위기에 따라 바뀔 수 있다. 정부가 적절한 선에서 공급을 조절한다면 인구론은 가격에 영향을 미치지 않을 수 있다고 판단했다.

전세는 그렇게 핫했지만 매매는 여전히 잠잠했다. 2013년 6월 말로 취등록세 한시적 인하까지 끝나자 찜해두고 계속 지켜보던 인천 간석동의 한 아파트가 드디어 우리 예산 안에 들어오는 급매가 하나 튀어나왔다. 아무리 침체기라도 2억4,000만 원은 하던 곳인데 2억 원짜리가 나온 것이다. 바로 찾아가서 사업하시는 분이라 급전이 필요하다는 사연을 들으며 계약했다. 꿈에 그리던 23평으로 내 집 마련을 한 것이다.

이런 식이 되자 전세는 오르고 매매가는 내려가서 수도권 외곽은 매매가와 전세가의 차이가 거의 없어졌다. 이렇게 되기까지 침체 시작 후 4년. 살펴보니 비단 인천만의 일이 아니었다. 그때 퍼뜩 과거 IMF 때 줍줍해서 돈 벌었다는 이야기와 이 정도면 돈 없는 우리도 집을 더 살 수 있겠는데? 라는 생각이 들었다. 이 시기에 한 재테크 카페에 글을 올렸다.

부동산 장기적 추이에 대해 문의드립니다.

[2013.09.17.] 하락 vs 상승론자 분들의 대립이 각각 타당한 이유도 있고 재밌어서 열심히 보고 있습니다. 그러다 보니 궁금한 점이 있어서요.

20대 후반~30대 초반 제 친구들은 결혼하면서 아무도 집을 안 샀어요. 집값이 떨어질 수 있으니 모두 전세로 구했습니다. 다들 비슷한 생각인지 전세물량 부족으로 요즘 전세가 폭등해서 매매가와 거의 비슷해졌네요. 이렇게 전세가가 오르다가 매매가와 닿으면 초과분에 대해서는 반전세 형태가 될 텐데

= 그럼 집을 사는 사람은 내 돈 하나도 안 들이고 세입자의 보증금만으로 집을 살 수 있고 거기에 반전세니 적지만 월 얼마라도 수입이 생기네요?

더불어 세 사는 사람은 전세가가 매매가와 비슷하니 대출을 받아야 하고 이자는 이자대로, 반전세금은 그것대로, 집값 하락에 따른 전세보증금 날릴 위험까지 떠맡는 상황이!

= 어쨌든 내 돈 안 들고 월에 얼마라도 받을 수 있는 형태라면 곧 그 수익성이 반영되어서 집값이 소폭 상승할까요?

내 글의 댓글은 대부분 비슷했다. '시대가 바뀌었다. 재산세도 내고 수리도 해줘야 하는 주인의 매매가격보다 전세가격이 더 비싼 것이 당연하다, 집값은 오르지 않는다' 등등. 하지만 나는 내 가정대로 만약 내 돈 들이지 않고 집을 사서 수입이 생길 수만 있다면 이걸 사람들이 가만히 지켜볼 리

없다는 생각이 들었다. 그렇다면 경매학원에 사람이 그렇게 미어터지지 않았을 것이다.

> **집값 이대로 폭락하나 … 무너진 부동산 불패 신화**
>
> (미디어오늘 2013.12.26.) 폭락하면 한국경제 위험 VS 빨리 폭락해야 더 큰 재앙 막아… "부동산으로 돈 버는 시대는 끝났다" (후략)

그러던 중 재테크 카페에 글이 하나 올라왔다. 매매가와 전세가의 차이가 1,000만 원밖에 안 되는 단지들의 리스트였다. 그중 한 곳이 경매 배울 때 임장 갔던 아는 아파트였다. 바로 집 구경 좋아하는 친정엄마와 함께 광명으로 출발했다. 도착하니 예상과 다른 상황이 눈앞에 펼쳐지고 있었다. 중개소에서는 전화벨이 쉴 새 없이 울리고 있었다. 인천과 다른 풍경에 쭈뼛하고 있는데 소장님께서 방금 부산 사람들이 전화로 양도세 면제되는 1가구1주택자 집은 모두 매수했고 지금 남은 건 양도세 면제 안 되는 물건 딱 하나 있는데 그거라도 하시겠냐고 말씀하셨다.

전세도 아니고 집을 이렇게 산다고…? 엄마와 함께 문화 충격을 받았다. 이후 이런 모습을 수십 번도 더 보게 될 줄 모른 채. 일단 우리는 집을 보여 달라고 해서 가다 보니 사려는 아파트 바로 앞 아파트에 재건축이 진행되다는 현수막이 보였다. 혹시나 진행이 잘 되어 몇 년 뒤에 이주하려면 인근에 저렴한 아파트는 내가 사려는 아파트밖에 없었다.

그렇게 2013년 9월, 내 집 마련한 지 두 달 뒤에 각종 비용과 세금까지 모두 포함해 800만 원으로 첫 투자 집을 갖게 되었다. 투자가 망할 수도 있으므로 투자금은 별도 계정인 내 퇴직금으로 충당했다. 육아휴직 후 복직 시기에 회사가 흡수합병되면서 퇴직을 결정했던 터였다.

첫 투자 집의 전세금 상승분으로는 2014년에 광명에 다른 아파트를 한 채 더 샀다. 두 번째 집 또한 첫 번째 집과 마찬가지로 1억 원대 후반이었고 매매가와 전세가가 1,000만 원 정도의 차이였다. 800만 원의 눈덩이가 점점 굴러가기 시작했다.

이 시기에 주식은 저금리와 저유가 시기임에도 불구하고 지루한 횡보장이 이어지면서 딱히 재미를 못 보고 있었다. 이런 횡보장은 2012년부터 2016년까지 이어졌다.

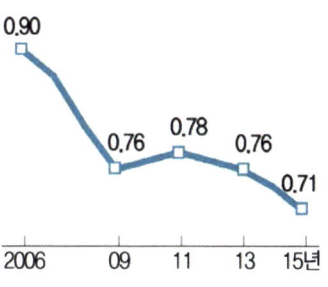

▼ 통화유통속도

(출처 : 서울경제 2016.06.13.)

▼ 2013 코스피지수 추이

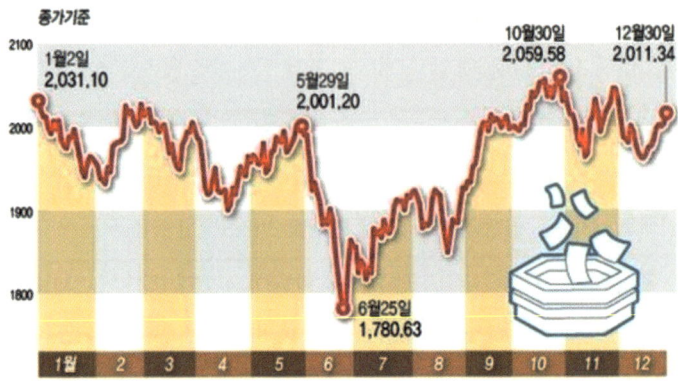

(출처 : 한국거래소, 연합뉴스 2013.12.30에서 재인용)

▼ 2013 원-달러, 원-엔 환율 추이

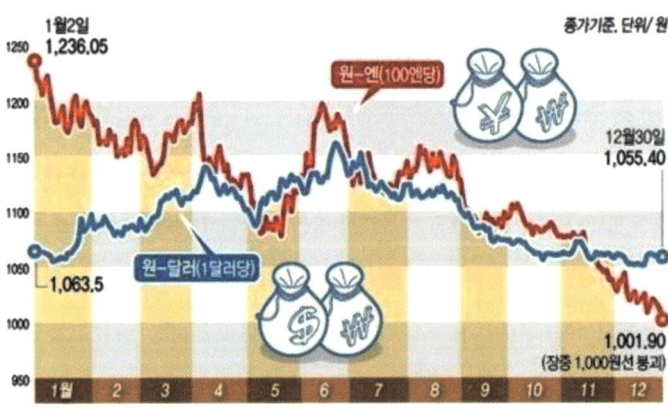

(출처 : 서울외국환중개주식회사, 연합뉴스 2013.12.30에서 재인용)

2015년, 부양책의 효과가 나타나기 시작했다

2009년부터 시작한 부동산 하락이 6년이 지난 2015년. 그때부터는 확실히 상승이 시작되었음을 현장에서 실감할 수 있었다. 수도권 외곽부터 전세가가 매매가를 밀어 올리기 시작한 것이다. 부동산은 주식과 달리 속도가 느렸다. 정부가 규제 완화를 할 수 있게 명분이 생기려면 1~2년의 하락이 필요하고, 그때가 돼서 규제 완화와 공급 감소를 시작하면 다시 그게 반영되는 시간이 2~4년은 걸렸다. 전세가 한 바퀴 도는 시간 2년 또는 두 바퀴 도는 시간 4년, 분양하고 만들어서 입주할 때까지 걸리는 시간 3~4년이 지나야 정책의 효과가 나타났다.

그러다 보니 6년의 시간이 흘렀고 훗날 외곽부터 시작된 상승세가 서울에 닿아 거인이 발자국을 떼기 시작한 건 거기서 2년이 더 지난 2017년이었다. 서울이 움직이자 그제야 사람들이 부동산 투자를 시작했고 2018년에 공부를 시작한 투자자가 2020년에 강사가 되어 각종 책과 강의가 쏟아졌다. 그때 공부와 투자를 시작한 강사의 특징은 서울부터 오르면 파도가 외곽으로 번져간다고 말한다는 것이다. 본인이 겪어본 건 그게 전부였으니까. 하지만 파도는 외곽과 서울 사이를 왔다 갔다 치면서 서로 올려주며 키를 맞추고 있었다.

2016년까지 나는 전세금 상승분을 재투자해 집이 일곱 채로 늘어나 있었다. 대출을 더 받아 투자할 수도 있었지만 우리 부부는 그러지 않기로 했다. 감당 가능한 대출 규모를 우리는 남편 외벌이 월급으로 원리금을 내고 생활비를 무리 없이 쓸 수 있는 금액으로 역산했기 때문이다. 남편의 월급은 무슨 일이 있어도 45살까지 흔들리지 말고 그대로 안락한 내 집과 생활비로 사용하고, 재테크는 별도의 계정으로 내가 굴리기로 했다. 여차해서 모두 날린다 해도 생활 수준은 변동 없게 대비해야 안심이 됐다. 이자 낼 것까지 넉넉하게 대출받아 투자하고 싶다는 유혹이 많았지만 잘못될 경우 대출을 수습할 방도가 보이지 않아 참았다.

2015~2016년에는 부동산 카페나 강의가 우후죽순처럼 생겨났는데 항상 강의장이 꽉 찼다. 대체로 좋은 거 하나보다 무피투자(내 돈이 안 들어가는 투자)나 소액투자로 여러 건을 하라는 내용이었다. 반면 간간이 경매특강에 가면 예전과 달리 한산했다. 강의 끝나고 뒤풀이에 가면 대구, 부산에서 기차 타고 오신 분들이 많았다. 그제야 서울이 죽 쑤고 있던 사이 대구, 부산의 상승세가 예상보다 더 대단했다는 걸 알 수 있었다. 수도권만, 경매만 보고 있었던 게 패착이었던 것이다. 공급물량에 따라 지역마다 별도로

움직인다는 것을 깨달았다.

그러던 중 대통령 탄핵이라는 초유의 상황이 벌어졌다. 전전 대통령 시절부터 말만 이렇게 하는 거라 생각했는데 이게 진짜 되는 거였어? 그렇게 2017년 5월에 출범한 새 정부는 6월에 아주 작은 규제책을 내놓았다. 다들 크게 신경 쓰지 않는 분위기였지만 나는 그걸 보는 순간 과거 기억이 되살아났다. 그동안 꽤 올랐으니 규제가 이제부터 시작되는구나. 한 번 방향을 잡으면 상승장이 꺾일 때까지 그 방향으로 갈 테고, 그렇다면 가장 먼저 나올 건 과거에 시행했어서 거부감이 덜한 '양도세 중과'겠구나. 양도세가 중과되면 어떻게 됐더라. 자잘한 거 여러 개가 아니라 그때 '똘똘한 놈 한 채'가 유행이었지.

거기까지 생각이 미치자 이제 나도 사이클에 맞춰 태세를 바꿔야 할 때라는 결론을 내렸다. 그래서 2017년 7월, 서울의 한 아파트를 매매 6억 8,000만 원, 전세 5억5,000만 원에 계약했다. 전년도에 '강남도 아니면서 6억 원대 분양이라니 미친 거 아니야?'라며 구경 갔던 동네의 더 저렴한 아파트였다. 서울을 뒤져 바로 옆 동네까지는 올라서 다음 순서는 여기다 싶은 곳을 찾은 결과였다.

일 년 사이 미친 줄 알았던 그 아파트는 머쓱하게도 2억 원이 더 올라있었고 2021년에는 25억이 되었다. 그때 내가 산 아파트와 미친 줄 알았던 아파트는 차이가 2억 원정도였지만 2021년에는 각각 15억 원과 25억 원으로 차이가 10억 원까지 벌어졌다. 두 아파트는 걸어서 10분 거리다. 똘똘한 놈

한 채의 시대에는 작은 선호도 차이가 큰 가격 차이를 만들어냄을 체감할 수 있었다.

2018년부터는 세계적으로 대성장의 시기였다. 미국은 그동안의 저금리로 시중에 유동성이 넘쳐나서 주식도 지금 돈을 버는 회사보다 앞으로 오를 걸 기대하는 회사의 주식(성장주)이 더 인기였다. 테슬라를 중심으로 FAANG이라 불리던 페이스북, 아마존, 애플, 넷플릭스, 구글 등 빅테크 기업이 각광받았다. 기본적인 재테크 수단이던 집, 주식뿐만 아니라 새롭게 등장한 코인과 과거에 잠깐 유행이었던 미술품 시장까지 다시 불이 붙었다.

이제쯤 멈춰야 하나 싶을 때 코로나가 터졌다. 처음 코스피지수 2,000이 깨지던 날은 습관처럼 주식을 조금 담았다가 주말 사이 분위기가 심상치 않음을 느끼고 월요일에 다시 매도하고 지켜보았다. 밤에는 미국 주식, 낮에는 한국 주식을 들여다보니 둘 다 순식간에 떨어지며 갑자기 경제 공황 이야기가 나왔다. 코스피지수는 1,400까지 떨어졌는데 1,500까지 올라오더라도 다시 추가 하락할 수 있기 때문에 1,600까지 올라오길 기다렸다가 친구와 함께 각자 아는 종목에 탈탈 털어 진입했다. 친구는 아들의 돌 반지까지 모두 팔았다. '쌀 때 사자'에 적합한 가격이라고 판단했기 때문이다.

재밌는 건 평생 주식을 안 해본 아버지가 이때 전화를 하셨다는 점이다. 몰래 모아놓은 돈이 좀 있는데 몇 년은 안 빼도 좋으니 주식을 사달라고, 사고 싶은데 주식 사는 방법을 몰라서 나에게 전화했다고 하셨다. 그때 샀던 현대차가 두 배가 넘는 날이 온 건 몇 개월 지나지 않아서였다.

갑작스러운 주식 폭락 사태와 코로나19로 인한 외출 제한으로 경제가 경색될 것을 우려한 각국의 정부는 지원금을 살포하기 시작했다. 아파트값은 두 배가 됐고 코스피지수는 3,200까지 올랐다. 남편은 그래픽카드를 사모아 2021년 초 이더리움 채굴을 시작했다. 집에서 소소히 채굴하던 이더리움은 갑자기 가격이 급등해 3개월 만에 그래픽카드값을 모두 회수하고 채굴이 제한된 2022년 9월까지 캐서 보유하고 있다. 가격의 변동은 있을지언정 미래에 가상화폐의 가능성을 무시할 수 없기에 비상금처럼 갖고 있다가 노후에 병원비로나 쓸까 한다.

사람들은 자산과 잔고가 폭발적으로 늘어나자 소비도 늘어났다. 샤넬은 600만 원대였던 클래식백 가격을 1,000만 원까지 인상했지만 가방을 못 구해서 난리였다. 아니, 인상하기 때문에, 못 구하기 때문에 사람들은 더 갖고 싶어 했다. 샤넬이 오르고 구하기 힘들자 옆 동네 디올도, 그 옆옆 동네 루이비통도 순차적으로 가격이 상승했다. 주식에 순환매가 있듯, 부동산에 키 맞추기가 있듯, 가방 또한 그러했다. 무엇인가를 갖고 싶어 하는 사람들의 심리는 똑같았다.

한국 역시 세계경제와 연동되어 있는 상황이라 이 유동성 파티 사태를 피할 수 없었다. 다만 정부는 대출을 규제함으로써 과거에 하우스푸어 사태가 일어나지 않도록 막았고, 규제지역을 순차적으로 확대함으로써 중심부에 몰릴 돈을 좀 더 지역을 분산시켜 묶어놓고자 했다.

그 사이 나는 일곱 채를 하나씩 정리하기 시작해 2021년 12월에 1주택자가 되었다. 그동안 매도한 돈을 모아 2017년에 샀던 집의 세입자님을 보내드리고 인천에서 서울로 들어왔다. 1가구1주택으로 비과세를 받고 중심부로 갈아타기 할 전초기지가 필요했기 때문이다. 이렇게 800만 원의 눈뭉치는 구르고 굴러 서울의 실거주 아파트가 되었다.

이제는 남편이 만약 실직하게 되면 이 집을 팔아 양가 식구들 모두 있는 인천으로 돌아가 대출 없이 집 하나와 월세 받을 상가나 작은 건물을 살 수 있다. 그런 이유로 2017년에 집을 마련한 이후로는 상가 공부를 위해 강의를 듣고 여기저기 돌아다녔다. 집값이 내려가더라도 어느 쪽이든 이사 갈 집도 내려가기 때문에 걱정 없다. 결혼 직후 한 달 식비 8만 원으로 살자며 가계부를 쓰고 좌충우돌하던 2010년에서 목표 순자산을 이루고 나만의 일을 찾아 출간을 한 건 10년이 채 걸리지 않았다. 시기를 잘 만나 운이 좋았다.

이사 오기 전, 미국이 2022년부터 긴축을 시작하겠다는 뉴스를 보고 주식을 당분간 지켜봐야 할 것 같아 전량 매도했다. 그리고 그 돈 중 일부로 동생을 통해 앞으로 서울에서 10년을 버틸 전투복을 마련했다. 바로 샤넬 클래식백 미디움이다. 예전에 처음으로 투자 수익이 1억 원이 되는 날 자신에게 주는 선물로 매장에 갔다가 클래식백 미디움과 보이백 라지를 매본 후 보이백을 들고 왔었다. 그때는 가방이 그렇게 비싸지도 않았고 둘 사이의 가격 차이가 거의 없었다. 그냥 내가 좋고 편한 걸 아무 생각 없이 사서 들고 왔던 터였다.

그리고 이후 둘은 유동성장을 거치며 가격 차이가 꽤 벌어졌다. 이름난 곳 안에서도 대표가 있고, 그 안에서도 큰 것보다 누구나 부담 없이 사용할 만한 크기가 인기라는 걸 크게 실감했다. 막상 좋은 걸 하나 마련하자 그동안 자잘하게 생필품처럼 모았던 여러 가방들보다 훨씬 자주 사용하게 되었다. 그게 무엇이든 사람들이 찾는다는 건 사람들이 오랜 시간을 거치며 증명한 무엇이 있었기 때문이라는 생각이 들었다. 가죽 쪼가리의 가방이 왜 그 가격인지 이해할 수 없는 사람은 콘크리트 덩어리의 아파트가 왜 그 가격인지 이해할 수 없을 것이다.

나는 이제 원하던 '평범'을 얻었다. 우리가 원했던 평범은 먹고 싶을 때 삼겹살을 먹는 일상이었다. 돈이 없어 선택권을 남에게 뺏기지 않고 '돈돈' 하며 위만 보느라 시간을 낭비하지 않는 삶. 이제 원할 때 원하는 일로 원하는 만큼의 수입을 만들 수 있으며 이렇게 획득한 내 인생의 선택권과 시간을 나를 위해 쓸 준비가 되었다.

장기투자가 정답입니까?
확실해요?

얼마 전 인터넷에 재밌는 밈이 돌았다. 내용인즉슨, 아내가 대략 14년 전 주식을 매수한 후 잊고 지냈던 계좌가 있는데 얼마 전 LG에너지솔루션 청약을 하려고 해당 계좌를 오랜만에 열어보면서 주식과 예수금을 발견했다는 것이다.

14년 동안 잊고 묻어놨던 주식 계좌의 결말. 어떻게 됐을까? 흔히 장기투자를 하면 손해를 보지 않으니, 14년 묻어둔 수익률이라면 엄청나겠다고 생각할 것이다. 그렇지만 실제 평가손익은 마이너스 38%. 해당 글을 올린 사람은 "결론은 미국주식(나스닥이나 S&P500) 아니면 삼성전자가 답인 듯"이라며 씁쓸하게 글을 마무리하고 있었다. 이분만 유독 운이 없었던 건 아닐까 싶지만 비슷한 기사가 있다.

10년 장기투자 했다면 ⋯ 현대차·포스코 '손실'

(매일경제 2022.09.18.) 유가증권 시장(코스피) 상장사 중 37%에 달하는 기업 주가가 10년 전 수준에 못 미치는 것으로 나타났다. 지난 10년간 코스피 기업에 장기투자했다고 가정하면 투자 종목 10개 중 4개에서 평가손을 입은 셈이다. (후략)

▼ 2012년 시가총액 1~10위

종목	2012년 주가(원)	2022년 주가(원)	등락률(%)
삼성전자	2만6,020	5만6,800	118
현대차	23만4,500	19만8,500	-15
POSCO홀딩스	36만8,500	23만9,500	-35
현대모비스	30만7,000	21만4,000	-30
기아	7만3,400	8만300	9
LG화학	31만3,500	66만3,000	111
현대중공업	재상장했으므로 제외		
삼성생명	9만6,900	6만4,900	-33
삼성전자우	1만5,580	5만2,400	236
신한지주	3만6,000	3만5,400	-2

(주가는 9월 14일 기준) (출처 : 한국거래소)

이 기사에 눈길을 끄는 부분이 있다. 1,607개 종목 중 601개 종목이 10년 전 가격보다 낮다는 문장이다. 3분의 1보다 큰 확률이다. 그런데 우리가 이 종목을 구별할 수 있을까. 그럴 수 없을 것이다. 기준점이 경제가 어려웠던 2012년이고 누구나 아는 대기업이라 해도 삼성전자를 제외하고는 다행이지 크게 오른 종목을 찾기 어렵기 때문이다.

부동산은 어떨까. 과거 급매로 마련한 인천 간석동 아파트에 살았을 때 일이다. 2013년에 샀으니 2017년쯤에는 어느 정도 상승해 있었다. 하지만 그때 같은 아파트 살던 동네 언니는 그제서야 한숨 돌렸다고 말했다. 2008년에 30평대를 3억2,000만 원에 샀는데 2017년이 되니 이제야 회복했다는 것이다. 흡사 삼성전자는 꾸준히 돈을 벌었지만 주식은 4만 원에 사서 지금 6만 원인 사람이 있는가 하면 8만 원에 사서 지금 6만 원인 사람이 있는 것과 같다.

불황에 경매를 공부하다가 활황기를 목격하니 제일 의문이 드는 건 사람의 마음이었다. 그 학교와 그 지하철역은 항상 그곳에 있는데 언제는 파리가 날리고 언제는 '초품아 역세권 아파트'라며 못 사서 안달일까. 왜 같은 주식, 같은 집, 같은 가격이 누구에게는 손해고 누구에게는 이익일까.

오랜 고민 끝에 '달은 차면 기울고, 기울면 다시 차오른다'는 결론을 내렸다. 장기적 우상향이라는 신념은 어느 정도가 '장기'인지, 그 '장기'가 누군가에겐 버틸만한 수준이고 누군가에겐 도저히 버티지 못해 던질만한 수준인지를 구분하기에는 너무나 모호했다. 떠도는 모든 투자에 대한 말들 중

하나씩 지우다 보니 나에게 남은 단 하나의 문장은 '쌀 때 사고 비쌀 때 판다'였다. 단, 내가 지금이 사이클상 어디에 위치해 있는지, 이게 싼지 비싼지 판단할 수 있어야 한다는 게 전제다.

'스스로 판단하고 책임지자.'

어릴 때부터 아버지가 가훈이라며 동생과 나에게 큰 소리로 외치게 했던 말이다. 그때의 아버지 나이가 된 지금의 나는 이제야 깨달았다. 파랑새가 저 멀리 있지 않았듯 그렇게 만나고 싶었던 삶의 고수가 우리의 옆에 있었음을.

끄떡없는 미국, 불투명한 중국과 일본, 그리고 한국의 나

2021년 여름, 미국은 긴 저금리 터널을 빠져나올 움직임을 보였다. 6월 미국 연방공개시장위원회(FOMC) 회의에서 테이퍼링(자산 매입 축소)을 논의했다는 말이 나오기 시작한 것이다. 하지만 7월에 미국 연방준비제도(Fed)가 당분간 제로금리와 양적완화 정책을 조금 더 연장하기로 하며 금리 동결에 만장일치로 찬성하면서 별일 아니구나 가볍게 지나쳤다. 아무렴, 아직 코로나가 완전히 종식된 것도 아닌데 말이야.

하지만 안도는 그리 오래가지 않았다. 10월이 되자 11월부터 미국이 테이퍼링을 실시하는 게 기정사실화 되면서 한국은행 역시 기준금리를 먼저 인상하기 시작했다. 주식 쪽은 빠르게 반응했지만 부동산 쪽은 금리와 부동산 가격은 인과관계가 없다거나 금리가 오르면 경기가 좋다는 뜻이니 집값은 더 오를 것이라는 희망론이 사람들을 사로잡았다. 관심은 오로지 규제와 대출을 풀어주어 '영끌'해 마음껏 집을 더 살 수 있게 해줄 대통령을 뽑는 것에 쏠려 있었다.

 미국은 자기들이 금리를 올릴 경우 경제가 일시적으로 흔들릴 것을 알고 감수할 준비도 되어 있었다. 항상 다른 나라에 미칠 영향까지 챙기던 캡틴 아메리카는 이번만은 자국의 경제 체력을 믿고 있으며 자국의 이상 없음만 확인되면 인상을 유지하겠다며 강한 의지를 초반부터 밝혔다. 풀린 돈을 이대로 두면 나중에 더 걷잡을 수 없으니 지금 아프더라도 의도된 일시적 침체를 일으켜 물가를 잡을 생각인 것이다.

 내 생각에 미국은 인플레가 오거나 금리를 올려도 나쁘지 않은 상황이다. 국가 재무건전성 같은 이런 거 저런 거 다 떠나서, 물건값이 막 8% 비싸진다? 대출 4~6% 받아서 또는 원자재를 비싸게 사더라도 물건 만들어서 8% 비싸게 세계를 상대로 팔면 이익을 만들 수 있다. 대출금리 올린다고는 하지만 이익이 남는다면 충분히 자기네 나라 공장에 설비 투자하고 내부고용이나 임금인상에 그 돈을 쓸 수 있다.

 실제로 지금 미국은 사람 못 구해서 돈 더 준다고 한다. 월급을 올려주면 미국 내 근로자들은 소비 가능하기 때문에 미국은 시간이 지나면 내수경기가 나쁘지 않을 거라 추측된다. 미국은 그사이 우리나라에도 그랬지만 세계로 판매를 잘하는 기업이 있다면 찾아가서 미국에 공장을 지어달라며 여러 혜택을 제공했다. 어느 정도의 돈이 그 기업이 속한 나라가 아닌 미국 안에서 돌게 만드는 것이다. 그래서 지금 미국의 작은 불황은 어느 정도 의도적이고 통제된 상황이라 여겨진다.

그런데 그 물건을 사야 하는 미국 외 나라들은 어떤가. 모든 나라가 세계로 물건을 팔 수 있는 기업을 보유하고 있지 않다. 원자재값이 오른 만큼 물건값을 올리는, 그 가격을 소비자에게 전가해서 팔 수 있는 기업. 그래서 그 돈을 공장에 신규투자하고 물가상승률만큼 인건비도 올려줄 수 있는 기업.

비싼 값에 물건을 수입할 수밖에 없는 나라는 물가는 올라가지만 내부로 도는 돈이 없으면 생활이 빡빡해질 수밖에 없다. 그럼 국민들의 소비가 줄고, 소비가 줄면 기업은 고용을 줄인다. 그렇게 악순환이 시작된다. 그런데 악순환으로 경기가 흔들리면 사람들은 안전자산을 찾아 달러를 찾아간다. 미국은 여전히 잃을 게 없다. 경기가 흔들릴 때 현금을 보유하고 있어야 한다고 말하는데 그 현금은 곧 달러를 의미한다.

그렇다면 미국을 한때 위협하던 중국과 일본은 지금 어떨까.

'超엔저'에 정부도 개입 ··· 위기의 일본 경제

(KBS 2022.11.01.) (서울대 국제대학원 김현철 교수) 최근 미국이 물가를 잡기 위해 기준금리를 가파르게 올렸습니다. 미국과 일본의 금리 차가 급격히 벌어지기 시작했고, 일본 무역수지까지 적자 폭이 커지면서 엔화 약세는 더욱 가속화했습니다. 여기에 일본 정부는 최근 금융시장에 일부 투기 세력까지 가세해 엔화가치 하락을 더 심화한다고 보고 있습니다.

1990년대 버블경제 붕괴 이후 일본 경제의 기본체력이 많이 약해졌습니다. 여기에 코로나19 대유행이라는 경제적 직격탄을 맞았습니다. 다른 국가들보다 일본이 코로나19의 경제적 충격으로부터 회복이 느린 이유입니다.

최근 미국이나 유럽 등 세계 각국은 코로나 국면에서 점차 벗어나 인플레이션을 잡기 위해 강도 높은 긴축통화 정책을 실시하고 있습니다. 하지만 경제 회복 속도가 느린 일본은 이런 전 세계적 흐름에 동참하지 못하고 완화적 통화 정책을 계속할 수밖에 없는 상황입니다. 일본 중앙은행은 지난달 말 열린 금융정책결정회의에서 단기금리를 -0.1%로 동결하며 초저금리 기조를 유지하기로 했습니다.

환율을 방어하고 관광도 활성화하는 등 일본 정부가 다각도로 노력하고 있지만, 쉽지 않은 상황입니다. IMF는 일본의 내년 경제성장률을 올해보다 0.1%포인트가 더 내린 1.6%로 전망했습니다.

세계가 '인플레와 전쟁' 선포했는데 …
이 나라만 금리 내린다. 왜?

(더밸류뉴스 2022.11.01.) 중국은 미국을 중심으로 기준금리 인상이 불던 지난해부터 '나 홀로 인하'의 길을 걸었다. 실은 중국 정부는 금리를 올리지 '못하고' 있다. 인플레 압박과 위안화 약세에도 금리를 올리지 못하는 이유는 중국의 경기침체가 심각하기 때문이다.

중국은 지난해 이후 지속적으로 경기침체 상황을 맞고 있다. 대외경제정책연구원(KIEP) 한중경제포럼이 지난해 발표한 자료에 따르

> 면 지난해 중국의 거시경제 분기별 성장률은 1분기(18.3%) → 2분기(7.9%) → 3분기(4.9%) 등으로 점차 감소해왔다. 올해 세계은행이 전망한 중국 경제 성장 전망치는 2.8%로 중국 정부의 목표치(5.5%)의 절반에 그친다. 이는 개발도상국 경제성장치 평균(약 5.3%)보다 낮은 수치다.
>
> 봉쇄조치 등 고강도 방역을 실시하는 '제로코로나' 정책으로 도시간 밸류체인이 끊기며 중국 경제의 핵심을 맡고 있는 선전, 톈진 등 주요 도시들이 타격을 입었다. 부동산 시장이 주춤하며 경기침체를 불러왔다. 부동산 산업은 중국 GDP에서 3분의 1 가량을 차지한다.
>
> 수출 부문도 주춤하고 있다. 글로벌 수요 둔화에 따라 '세계의 공장'이라 불리는 중국이 멈추고 있는 것이다. 중국의 전년대비 수출증가율은 올 4월 상하이 봉쇄 등으로 3.9%로 급락했다가, 이후 10% 중반대까지 성장했으나 8월 7.1%, 9월 5.7%로 한 자리에 그쳤다.

그럼 삼성전자, 하이닉스 같은 반도체 회사가 있고 미국과 동맹을 유지하며 금리를 발맞춰 올리고 있는 한국은 어떨까. 앞서 말한 대기업에 다닌다면 물가가 오른 만큼 임금도 그 이상 오르니 문제가 없다. 하지만 모든 국민이 거기서 일하는 게 아니다. 서민들은 임금은 동결되는데 물가만 올라 점점 삶이 팍팍해진다. 만약 경기가 조금 더 어려워진다면 가장 먼저 행해지는 일은 하청업체와 비정규직 해고다. 양극화가 시작되는 것이다. 거기에 중국과 일본이 혹시나 향후 무슨 일이 생긴다면 한국에 어느 정도 영향이

미칠지 알 수 없어진다.

잘 생각해 보면 보통 사람들의 현금흐름은 월급 하나다. 그 월급을 쪼개서 생활비 쓰고 세금 내고 부동산 대출 원리금 갚고 주식 사고 코인을 산다. 돈이 무한정 늘어나는 게 아니라 한쪽의 지출이 커지면 다른 쪽은 줄어들 수밖에 없다. 물가가 올라가면 자산의 가격이 올라간다고 하지만 가격은 공급과 수요가 만나는 지점에서 형성된다. 물가가 올라가서 생활비 지출이 늘어나면 나라면 먼저 주식과 코인부터 팔고, 대출 제한을 풀어줘도 무리해서 대출을 더 받아 부동산을 살 수도 없다. 또 수요는 공급뿐만 아니라 가격 자체가 영향을 미치기도 한다. 가격이 올라가면 그만큼 살 수 있는 수요가 줄어든다. 경제는 쉽게 단정할 수 없다.

그런 상황에서 나는 어떻게 행동할지 고민했다. 나는 '어느 정도 영향이 미칠지 파악할 수 없는 상황'이라면 굳이 투자를 하지 않는 쫄보 성향이다. 평생 할 재테크인데 굳이 분위기 안 좋을 때 들어가서 매일 일희일비하며 들여다보느니 내 시간과 기력을 다른 생산적인 분야에 쓰는 게 기회비용 측면에서 낫다는 생각이 들었다.

마찬가지로 원-달러 환율이 1,100원일 때 달러를 사놓고 잇고 있다가 1,200원이라는 기사가 나면 팔아 9%의 수익을 얻겠지만 굳이 1,350원일 때 아침마다 환율을 들여다보고 있는 일도, 상승장일 때 쉽게 벌면 될 일을 매일 장이 오락가락할 때 한 치 앞을 맞춰보겠다고 눈이 빨개져서 그래프만 쳐다보고 있는 일도 모두 기회비용을 생각하면 오히려 마이너스다.

개인적으로는 이렇게 불확실성이 증가하는 혼란스러운 시기에는 무리 없이 마련한 안정적인 내 집, 매진할 수 있는 직업과 고정적으로 들어오는 현금흐름, 이 세 가지가 꼭 필요하다. 수입을 다각화할 수 있다면 시도하는 것이 좋고, 조용히 지켜보다가 사람들이 공포와 탐욕으로 출렁거릴 때 그 갭(gap)을 노리면 충분히 대한민국에서 살아남을 수 있다고 생각한다.

현재 나는 우리 가족의 성향에 맞게 생존할 준비를 마쳤다. 경험해보니 경제는 사이클이 존재하며 각 시기마다 맞는 방법이 따로 있고 그때 그 일을 하던 사람이 전문가로 떠오른다는 걸 알게 되었다. 그 시기가 지나가면 그 전문가는 금세 잊힌다. 따라서 한 분야의 전문가가 되는 건 시기를 타지 않고 기복이 없는 직업으로 하고, 재테크는 한 방법을 고집하기보다 시기에 맞게 적당히 바꿔가는 편이 낫다고 판단했다.

800만 원을 이리저리 굴려 서울에 내 집 마련을 했고, 남편과 나는 현재 각자 좋아하는 일을 찾아 좋아하는 만큼 하고 있으며, 꾸준히 재테크에 대한 관심과 시도를 하면서 최후의 보루로 아들 교육비와 기타 노후자금은 연금으로 준비했다.

이 기본 세팅을 바탕으로 경제 사이클에 맞춰 적당히 벌고 적당히 놀면서 살아가려고 한다. 중요한 건 그렇게 악착같이 벌고 싶었던 돈이 아니었으니까. 그 사이에 흐르는 나의 인생, 가족의 행복이 이미 나에게 있었다.

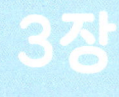

3장

**버려야 할 생각
vs
가져야 할 습관**

버려야 할 생각 ①_
늦었으니까 서둘러 성과를 내려는 것

얼마 전 유튜브에서 흥미로운 영상을 접했다. 「채널1994」의 '대한민국 표준 29살 여자'와 '대한민국 표준 서른 남자'라는 영상이었다. 영상 설명으로는 '내 나이에 이 정도는 해야 하지 않나? 자꾸 생각하게 돼서 94년생 친구들 불러서 같이 따져봄. 대체 우리 나이의 표준이 뭘까? 그 표준 누가 정해?'라고 쓰여 있었다. 표준 여자 영상은 94년생 동갑 여자 열 명이, 표준 남자 영상은 92년생 동갑 남자 열 명이 출연해 외모, 학력, 소득 등의 질문에서 표준이라고 생각하면 원 안으로 들어오는 직관적인 영상이었다.

이 영상이 재미있는 부분은 영상을 통해 정말 표준을 도출하려는 게 아니라 질문이 진행될수록 다들 비슷한 생각을 하고 있다는 점이 드러나기 때문이다. 그 비슷한 생각이란 바로 '표준이란 나와 내 친구들이 기준이었다'라는 것이다.

나와 내 친구가 인서울 4년제라면 은연중에 '이게 대한민국 표준이구나'

라고 생각하고 있었고, 나와 내 주변 사람이 3,000만 원을 모으면 '다들 그렇게 살고 있겠거니' 생각하고 있었다는 걸 질문과 이어지는 인터뷰를 통해 알 수 있었다. 다양하게 모인 다른 사람들의 이야기를 듣고 나서야 그 생각이 깨지며 종국에는 참가자뿐만 아니라 영상을 보는 나도 그 '표준'이란 얼마나 실체가 없고 무의미한가에 대해 깨달을 수 있었다.

하지만 우리는 흔히 이 사실을 잊고 조바심을 내며 살고 있다. 상위 10% 이내라는 순자산 10억 원 이상의 다주택자들끼리 모여 골프를 치면서 "평범한 서민으로 살기 힘들다"라는 이야기를 나눈다. 주위를 보면 친구들도 다들 비슷하게 살고, 돈 더 많이 번 친구에 비하면 내가 번 건 아무것도 아니며, 명품관 가서 돈을 펑펑 쓰고 기사 딸린 차와 집안일 해주는 아주머니가 있는 단독주택에 사는 드라마 속 환상의 인물 정도는 되어야 부자라고 생각하기 때문이다.

다른 평범한 사람들도 아파트가 20억 원이 된 친구, 주식이나 코인으로 대박이 난 친구 이야기를 들으면 내가 늦었고 뒤처지고 있다는 느낌을 받는다. 때마다 해외여행을 다녀오거나 남편이 벌어오는 돈으로 살면서 기념일마다 선물을 받는 친구의 SNS를 볼 때마다 저렇게 사는 게 정상이고 내 인생은 거기에 못 미쳐서 사는 게 힘들다는 생각에 빠지게 되는 것이다.

이럴 때 빨리 달려가 표준지대로 들어가면 안전하고 행복할 것 같은 착각이 생긴다. 그런 마음으로 주위를 둘러보면 빨리 달릴 수 있게 도와준다는 사람들이 눈에 들어온다. 람보르기니를 타고 질주하는 그들을 보며 곧 미래의 내 모습이 될 것 같은 두근거리는 꿈을 꾸기도 한다. 하지만 시간이 지나고 나면 그들의 차가 빨리 달리도록 기름을 넣어주는 사람이 바로 나고, 나도 저 사람처럼 되려면 끊임없이 뽐내서 계속 기름 넣어줄 사람을 찾아야 하는 처지가 된다는 사실을 알게 된다. 나의 조급함이 그들의 먹이가 되는 것이다.

하지만 과연 인생에 '표준'이 있고 내가 거기에 '못 미친다, 늦었다'는 개념이 성립할 수 있을까. 우연히 학벌, 소득, 연애횟수까지 모두 평균에 속한다고 해도 그 안에서 내가 어떤 사람과 어떤 시간을 보냈는지, 어떤 일을 하며 어떤 성취를 이뤄냈는지는 사람마다 다를 수밖에 없다. 평균이 표준도 아니거니와, 누군가에게 바람직한 표준적 인생이 누군가에겐 불행해 보일 수도 있다. 결국 인생은 모두에게 모두 다른, 하나밖에 없는 선물과 같다.

실체가 없는 누군가와 나를 계속 비교하며 늦었기 때문에 빨리 결과를 내야 한다는 생각을 버리는 것이 나만의 성공과 행복을 만드는 첫걸음이다.

가져야 할 습관 ①_
나의 현재 위치를 제대로 파악하기

사람들이 가장 많이 하는 실수는 '목표만 세운다'는 것이다. 하고 싶은 일, 이루고 싶은 반짝반짝한 미래상만 세워놓고 갑자기 전력질주를 하다가 세 발짝 만에 발목이 나가기도 하고 며칠간은 지속하다가 금세 지쳐 나가떨어지기도 한다. 이렇게 되는 원인은 자신의 몸 상태와 체력을 고려하지 않고 출발했기 때문이다.

경제적인 부분뿐만 아니라 모든 분야에서 무언가를 이루고자 할 때 목표를 세우는 일 다음으로 중요한 건 나의 현재 위치를 파악하는 것이다. 그래야 목표와 현실 사이의 거리를 측정하고 이 거리를 좁히기 위해 내가 할 수 있는 일이 무엇인지를 도출할 수 있다. 하지만 이 모든 일에 앞서 해야 하는 건 목적을 명확히 하는 일이다. 목표는 목적을 이루기 위한 수단 중 하나일 수 있다.

내가 궁극적으로 추구하는 가치, 즉 목적을 내가 스스로 정함으로써 일정한 방향성과 함께 왜 이 목표를 달성해야 하는지에 대한 동기가 될 수 있다. 막연히 무엇인가를 해내겠다는 상태보다 지속 가능성과 실현 가능성이 훨씬 높아지는 것이다. 목적은 방향성에 맞지 않는 부분을 걸러낼 수 있다는 점에서 훨씬 많은 휴식과 행복을 준다. 타고난 재력이 없다면 내가 가진 밑천은 시간, 기력, 체력이다. 이 한정된 자원을 목적에 맞게 사용한다면 '이것저것 열심히 뭔가 많이 한 것 같은데 지나고 나니 남는 게 없네'라는 기분은 느끼지 않을 수 있다. 특히 가장 많은 감정을 잡아먹는 인간관계 또한 내 바운더리를 목적에 맞는 곳으로 이동함으로써 소모적인 관계에서 벗어날 수 있다.

효율만을 추구해야 한다는 말이 아니다. 가치는 사람마다 다르기 때문이다. 이는 나에게 선택권이 있다는 걸 자각하기 위한 장치다. 세계적인 경영 컨설턴트인 브라이언 트레이시의 책 『성취 심리』에는 이런 구절이 있다.

내 행복은 내가 추구해야 한다.
자신의 삶을 제어하고 있다고 느끼는 만큼
우리는 스스로에 대해 자부심을 가질 수 있다.
방정식으로 표현하면 다음과 같다.
책임(Responsibility) = 통제(Control) = 자유(Freedom)

이 말은 내 인생의 방향키를 내가 쥐고 있다는 실감이 나를 더 자유롭게 한다는 걸 뒷받침한다.

목적 다음으로 세우는 목표는 달성하고자 하는 상태다. 예를 들어 '가족과 행복하게 살고 싶다'가 목적이라면 '행복하려면 가족 간에 대화가 있어야겠구나, 매일 저녁식사만큼은 가족과 함께 하겠어'라고 다짐한다면 이것이 목표가 된다. 이처럼 목표를 '매일 저녁식사'라고 구체적으로 세우면 동시에 평가기준이 되어 달성 가능성을 높여준다. '되도록 같이 저녁식사'라던가 '대화 많이 하기'처럼 두루뭉술한 목표는 두루뭉술한 행동밖에 할 수 없게 만든다. 친구가 불러서 나가고, 모임이 있어서 나가면서 나는 '되도록', '많이' 한 거라며 실천하지 않는 것에 대해 합리화할 수 있다. 따라서 목표는 구체적으로, 측정 가능하게, 할 일(task)을 잘게 쪼개 실천 가능하게 배치하는 게 성공의 열쇠다.

지도에서 가고 싶은 곳을 정했다면 현재 내가 있는 곳을 알아야 한다. 내 현재 상태를 파악하는 데에는 기록이 제일 효과적이다. 남들의 평가에 휘둘릴 필요는 없다. 내 인생을 내가 경영한다고 생각해 보고 업무일지, 사업보고서, 성과, 예산, 회계(가계부) 등을 작성해보자. 꾸준히 기록한 후 패턴을 찾는다면 내가 무엇을 알고, 무엇을 이루었고, 무엇이 부족한지 파악할 수 있다.

특히 돈에 관련되어서는 이 부분이 필수라고 생각한다. 나에게 정확히 무엇이 있고 무엇이 부족한지 알아야 해야 할 일을 도출할 수 있다.

돈이 들고 나는 것을 정확하게 알지 못한 경우, 가볍게는 '1~2만 원밖에

▼ 나의 상황 점검하기

돈이 있고, 지식이 없다	돈이 있고, 지식이 있다
→ 날리지 않게 조심하자 (이 상태가 제일 조급하지만 공부는 하기 싫음)	→ 실천하자
돈이 없고, 지식도 없다	돈이 없고, 지식이 있다
→ 돈 모으며 공부하자	→ 종잣돈을 모아보자

안 썼는데 왜 카드값이 200만 원이 넘지?'라거나 무겁게는 드라마에 나오는 '난 400만 원만 빌렸는데 불어서 4,000만 원이 되었어'라는 상황을 맞이할 수도 있다.

블로그와 취미생활을 통해 알게 된 20대들과 이야기 나누다가 생각보다 사채에 대해 잘 모른다는 사실을 알게 되었다. 드라마를 보는 시청자로서는 '원금은 400만 원인데 이자 때문에 4,000만 원이라고? 그렇게 뒤집어씌우다니 나쁜 자식들!'이라고 하지만 이런 경우는 거의 없다. 보통은 '월급이 300만 원인데 이번 달 카드값이 500만 원이 나왔네, 어쩌지'라며 작게 시작한다. 이유가 있을 수 있다. 가족이 아프다든가 집에 문제가 터졌든가 가족의 빚에 연대책임을 진다든가(이거 사람들이 쉽게 포기나 회피할 수 있는 줄 아는데 실제로 닥쳐보세요).

한두 번 특수한 상황으로 그런 상황에 처하게 됐다면 그 사람은 그 일만 해결되면 어떻게든 일어선다. 일어선다는 건 막 '부자가 된다!' 이런 게 아니라, 상황은 힘들지언정 삶에 대한 가치관이 틀어지지 않는다는 것이다.

근데 그런 문제도 없는데 이런 상태다? 그럼 이제 이런 사이클이 시작된다. 1차로 리볼빙을 한다. 카드값의 일부를 다음 달로 넘기는 것이다. 그럼 그다음 달에 어떻게 되느냐. 딱히 쓴 것도 없고 명품을 사재낀 것도 아닌데, 월급은 300만 원인데 500만 원을 썼고 지난달 200만 원이 넘어왔으니 억울하게 마이너스 400만 원이 된다. 그러면 한 5개월 만에 마이너스 1,000만 원이 금방이다.

그럼 이제 뭘 하게 되나. 카드사 홈페이지에 카드대출이 보인다. 카드대출은 어플 속 버튼 한 번에 통장에 돈이 꽂힌다. 그럼 신용등급 하락. 그리고 기가 막히게 슬슬 전화와 문자가 오기 시작한다. 어떻게 알았는지 대출과 사채 연락이.

하지만 일반인들은 겁나서 거기까지 바로 못 간다. 그럼 뭘 하나. 대체로 카드 서너 개로 돌려막기를 한다. 그러고도 안 될 때, 즉 3,000만~4,000만 원 정도 될 때 사채를 쓴다. 제1금융권은 신용등급 때문에 대출이 잘 안 나오니까. 사채라고 막 이자가 100~200%가 아니다. 고금리는 맞지만 20~40% 정도이고 못 갚을 거 같은 애한테 한도도 없이 막 빌려주지 않는다. 그게 자기 사업이고 못 받으면 모두 자기 손해이기 때문이다. 조폭이 찾아오고 그러는 건 정말 극한까지 갔을 때다. 그런 사람들의 인건비가 꽤 비싸기 때문이다.

그러니까 말하는 사람은 '400만 원으로 시작했는데 4,000만 원이 되었어'라고 하게 되지만 과정을 정확히 들여다보면 사실은 중간에 계속 그 마이너스를 자기가 덧붙이고 있는 것이다. 빨리 주변에 밝히고 가족에 도움을 요청하고 내 씀씀이부터 점검해서, 높은 이자를 탓하지 말고 마이너스를 내가 덧붙이는 짓을 막아야 한다.

이 시기에 못 고치고 다소 흐린 씀씀이를 가진 채로 30대가 되어 애를 낳게 되면 '나는 아끼고 안 쓰는데 억울하다, 남편이 돈을 더 벌어오면 이런 일이 없는데 이건 네가 돈을 잘 못 버는 탓이다!' 혹은 '쥐꼬리만 한 월급으로 부려먹는 회사 탓이다!' 이 사단이 나게 된다. 실제로도 하나씩 까보면 딱히 비싼 건 안 샀기 때문이다. 단지 남들이 다 하는 것 좀 했을 뿐. 뭐가 잘못된 건지 자각이 없고 '없으면 안 쓴다, 있는 만큼 쓴다' 이 간단한 게 안 되면 아이에게 어떤 가정, 어떤 가치관을 물려줄 수 있을까?

경제적으로 목표를 세웠다면 그걸 달성하기 위해 내가 얼마의 수입과 지출이 있고 얼마의 자산과 시간을 확보하고 있는지 계산하여 목표에 도달하려면 무엇이 얼마나 더 필요한지를 도출해 볼 수 있어야 한다. 그걸 눈에 보이게 적은 종이가 나의 내비게이션이 되어 줄 것이다.

버려야 할 생각 ②_
단기간에 부자가 되겠다는 조급함

2020년 초 코로나19 팬데믹이 시작되고, 지원금 살포로 인해 시중에 유동성이 풍부해지면서 2020년 말부터 주식과 코인이 급상승했다.

그해 겨울에 정규강의를 개설했는데 매주 강의 끝나고 강의에 와주신 분들과 밥을 먹을 때마다 테슬라 주식과 코인으로 퇴사한 직장동료 이야기가 빠지지 않아서 생생하게 기억난다. 정말 뜨거운 겨울이었다. 몇 년 전 빵값을 비트코인으로 받았던 동네 빵집이 떠오르기도 하고, 동네 카페에 앉

▼ 코스피지수 추이

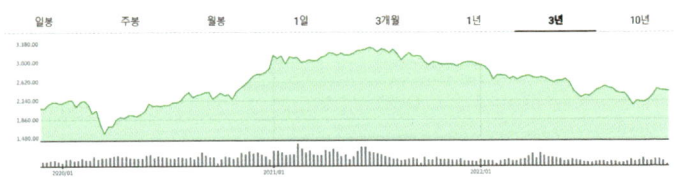

앉아있거나 택시를 타면 사장님들이 앞다투어 나에게 더 오를 테니 지금이라도 사라는 충고를 하기도 했다. 실체가 없지만 오히려 실체가 없기 때문에 상한선 없이 얼마든지 오를 수 있다고. 정말이지 전 국민이 투자자가 되었다.

    나는 주식을 했던 경험으로 이리저리 살펴보았지만 코인의 극심한 변동성을 버틸 방법을 찾지 못해 매매 대신 채굴을 하기로 결심했다. 그리하여 2021년 2월부터 그래픽카드를 몇 개 사서 개발자인 남편의 힘으로 집에서 이더리움 채굴을 시작했고 3개월 만에 운 좋게 그래픽카드 구입 금액은 모두 회수했으며 이후 채굴분은 전기료를 제외하고는 그대로 두기로 했다. 아주 소량으로 샀던 비상장종목 두나무 주식과 함께 잊고 있다가 노후에 비상금처럼 쓰기로 한 것이다.

▼ **비트코인 가격 추이**

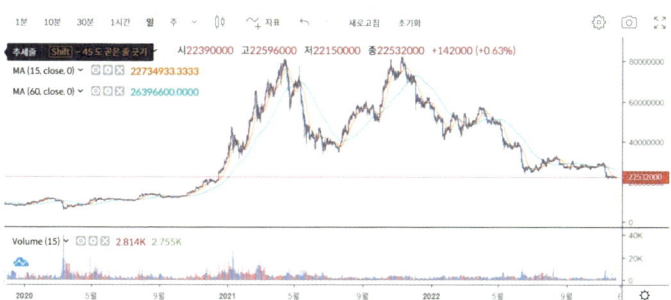

문제는 남편에게 일어났다. 코인의 세계에 발을 들이자 굉장히 재밌어하더니 극심한 변동성에 푹 빠져버렸다. 비트코인, 이더리움 등의 코인은 우량하다며 선호되니 하락폭이 작지만 상승폭도 작다며 알트코인을 거래하기 시작했다. 그 이후 상황은 예상했던 대로 흘러간다. 남편은 잠도 거의 안 자고, 화장실 다녀오는 사이에 내려가서 팔 타이밍을 놓쳤다고 매우 안타까워하거나, 리딩 하는 유튜브 생중계를 하루종일 매일 듣고 있었다. 옆에서 들어보면 주식의 차트분석 기초기법을 가지고 이동평균선이니 거래량이니 하며 이야기하고 있었지만 실제로 그 방송을 듣고 사람들이 우르르 몰려가서 매수하여 가격이 오르니 안 들을 수는 없다고 했다. 그 이야기밖에 할 수 없겠지. 코인에 대고 가치분석을 적용할 순 없을 테니.

그렇게 몇 달이 지나자 남편은 코인 매매를 그만두었다. 그깟 몇만 원보다 가족과의 시간, 휴식, 휴식으로 충전된 에너지로 본업을 잘 해내는 것이 더 중요하다는 사실을 깨달았기 때문이다. 그동안 매달렸던 건 IT회사에 다니다 보니 회사 사람들이 코인 이야기(정확히는 코인으로 돈을 벌었다는 이야기)를 할 때 끼고 싶은 마음 때문이었다는 대화를 나누었다. 그리고 2022년 9월 이더리움 채굴이 종료되었고 채굴분과 두나무 주식은 사이좋게 반토막이 되어 있다. 하지만 상관없다. 이더리움은 이미 투입 비용을 회수했으니 공짜로 주운 것과 마찬가지고, 두나무 주식도 잊고 있어도 전혀 상관없는 액수 정도이며 언제 출렁거릴지 모른다는 각오를 이미 했기 때문이다.

'세상일에 정신을 빼앗겨 판단을 흐리는 일이 없게 된다'는 뜻의 불혹(不

惑)의 나이에도 이럴진대 20~30대들은 더욱 흔들렸을 것이라 생각한다. 2021년 이후의 기사는 '20대 카드빚 무섭게 늘어나고 있다 … 코로나19 때 뭐했나 보니'(매일경제 2022.04.30.), '20대 가계부채 질적 악화 … 2금융권·다중채무 증가'(연합뉴스 2022.05.08.), '30대 이하 청년층 빚더미 … 대출 부실화 가속화'(아시아타임즈 2022.09.20.) 등의 제목으로 2030세대의 영끌과 빚투를 다수 보도하고 있다.

▼ 임계수준 초과 대출자 비율(2021년 말)

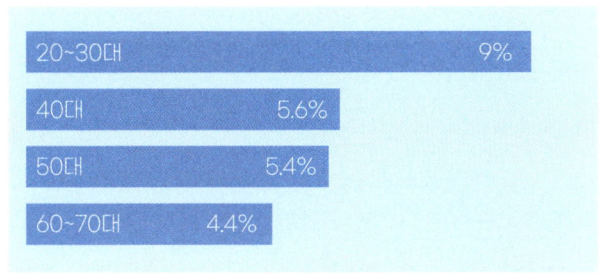

(총부채원리금상환비율(DSR) 기준) (출처 : 한국은행)

2030 세대의 부채가 다른 세대에 비해 빠르게 늘어난 원인은 빠른 상승에 조급함을 느껴 대출로 부동산, 주식, 코인 투자를 시작했기 때문이라는 분석이 많으며, 2022년에 진행된 유동성 축소로 인한 하락으로 부실화 우려 또한 높아지고 있다. 하지만 이 상황을 그들의 탓으로만 돌릴 수 있을까. 그 시기에 쏟아진 '부자는 실천할 용기 있는 사람이 단기간에 되는 것이다,

천천히 계단식으로 부자가 된다는 고정관념을 버려야 부자가 된다'는 어른들의 충고가 나조차도 선명하게 떠오른다. 물론 틀린 말은 아니다. 대체로 단기간에 부자가 되는 사람은 주식이나 코인을 사고팔기보다 발행하는 사람이라는 차이가 있을 뿐.

평범한 사람인 우리가 먼저 해야 할 건 대박의 꿈을 꾸다가 갖고 있는 것도 놓치는 것보다, 적더라도 내 손에 들어온 돈을 지키며 돈의 습성에 대한 지식과 경험을 쌓는 일이다. 더하기·빼기에 능숙해지고 꾸준히 시간을 들여 나가면 어느새 미분·적분도 할 수 있다. 돈을 대하는 스킬과 마인드를 시행착오도 거쳐 가며 시간을 들여 빚어간다면 돈이 머무는 나의 그릇도 그만큼 커져 있을 것이다.

가져야 할 습관②_
매일 경제 뉴스 챙겨 보기

주변에 휘둘리지 않게 나의 주관을 갖고, 베스트는 아니더라도 스스로에게 후회 없는 결정을 내리려면 필요한 행동은 과거를 분석해 일정한 패턴을 찾는 일이다. 각종 간접경험이 누적되면 지식이 되고, 일정한 패턴을 읽을 수 있게 되면 지혜가 된다.

하지만 주변을 둘러보면 과거를 있는 그대로 볼 수 있는 자료를 접하기 힘들다. 네임드들의 블로그 글, 유명 유튜버들의 영상 등 우리는 대부분 전달자의 해석이 들어간 자료를 접하게 되므로 무의식적으로 그들의 의견에 동조하게 된다. 하지만 유명하다고 해서 그들의 의견이 맞는 건 아니다. 누구나 자신의 입장에서 유리한 발언을 하게 되기 때문이다.

과거를 분석할 때 가장 좋은 방법은 매일 기사를 꾸준히 읽는 것이다. 물론 기사도 같은 시기 같은 데이터를 가지고 완전히 다른 결론을 내리기도 한다. 하지만 기사는 기사를 보고 콘텐츠를 만드는 다른 매체보다 필터가 한 겹 덜 씌워져 있고, 근거가 되는 데이터가 어디에 있는지를 명시하기 때문에 원데이터를 찾아 검토할 수 있는 통로가 되어 준다.

의외로 많이 들어본 질문은 '어떤 신문을 읽어야 하냐'였다. 처음 경제기사를 보는 분이라면 종이신문을, 어느 정도 익숙한 분이라면 온라인신문을 추천하고 싶다. 온라인신문이 특정 기사만을 클릭하여 보게 되고 이후에는 알고리즘에 의해 비슷한 논조의 기사만 볼 수 있는 단점이 있는 것에 반해 종이신문은 다양한 기사를 접할 수 있고 무엇보다 지면 배치와 제목 크기 등으로 어떤 게 중요한 기사인지 파악할 수 있기 때문이다. 하지만 온라인신문은 핸드폰으로 짬짬이 볼 수 있고 스크랩이나 검색에 의한 복기가 용이하다는 장점이 있다. 따라서 종이신문으로 시작해서 어느 정도 기사 읽기에 익숙해졌다면 포털사이트 메인에 신문을 구독해서 보는 것이 좋다.

그럼 기사는 어떻게 보는 게 좋을까.

첫 번째는 하루 30분 정도 제목이라도 꾸준히 보는 것이다. 기사를 읽어도 아직 내용을 이해하지 못하겠다면 다이어리나 블로그에 주요 뉴스 제목을 적어놓거나 간단한 내용 요약을 곁들여 놓기를 추천한다. 그것만으로도 나중에 돌아봤을 때 일정한 흐름이 있음을 알 수 있다.

두 번째는 용어를 검색하며 꼬리물기 식으로 읽는 것이다. 예를 들면 아래와 같은 기사를 접했다고 하자. 2022년 여름과 가을은 거의 매일 환율이 메인 기사에 오르내렸다.

원달러 환율 1362.6원 마감 ··· 13년 5개월만에 최고

(파이낸셜뉴스 2022.09.02.) 원·달러 환율이 1,362원을 넘었다. 13년 5개월만이다. 2일 서울외환시장에서 원·달러환율은 전 거래일(1354.9원)보다 7.7원 오른 달러당 1362.6원에 거래를 마쳤다. 종가 기준으로 2009년 4월 1일(1379.5원) 이후 가장 높았다.

이날 원·달러 환율은 전 거래일(1354.9원)보다 1.1원 오른 1356.0에 출발하며 장 초반부터 상승세를 나타냈다. 전날 기록한 연고점을 또 다시 경신했고, 오후 들어 상승폭을 확대하며 장중 1,363원선까지 치솟았다.

제롬 파월 미국 연방준비제도(Fed·연준) 의장이 지난주 잭슨홀 미팅 연설에서 매파적(통화 긴축 선호) 언급을 한 이후 달러 강세가 이어지는 모습이다. 특히 중국 경제 둔화 우려도 환율에 상승 압력으로 작용하며 향후 원·달러환율 상단을 높이고 있다는 평가다. (후략)

하지만 이제 막 공부를 시작한 나는 왜 환율이 이렇게 신문마다 난리인지 모르겠고 기사 내에서도 Fed 같은 모르는 단어가 있으며 왜 갑자기 중국 이야기를 하는지도 모르겠지만 일단 중요하다고 하니 스크랩을 해본다.

그럼 이 상태에서 모르는 용어를 하나하나 꼬리를 물고 검색해 나간다. 지금 다 이해하려고 하기보다는 이해한 만큼만 부담 없이 한 줄이라도 정리해 나간다. 완벽하게 하려다가는 지속이 힘들다.

환율을 검색했을 때 알 수 있는 점은 돈은 서로 교환할 때 의미가 있다는 것이다. 평소에 우리는 돈과 물건을 교환한다. 그런데 미국 돈과 한국 돈을 교환할 때 왜 언제는 싸고 언제는 비싼가? 해당 시점의 기사를 찾아보면 평소보다 한국 경제가 안 좋아지고 사람들이 좀 더 안정적인 미국으로 돈을 옮기고 싶어할 때 한국 돈은 싸지고 미국 돈은 비싸지는 걸 알 수 있다. 그럼 여기에서 한 번 더 꼬리를 물어서 일본과 중국의 환율도 검색한다.

흔히 한국 돈과 미국 돈의 교환인 원·달러 환율이 높아지면 한국 돈과 일본 돈을 교환하는 원·엔 환율이 내려간다는 말을 공식처럼 하는 사람이 있다. 하지만 교환가치는 상대적이기 때문에 꼭 그런 것만은 아니다. 그리고 환율이 낮은 게 나쁜 점만 있는 것은 아니다. 아래의 기사처럼 일본은 일부러 완화 정책, 즉 '엔저정책'을 오랫동안 고수하고 있다. 엔화가 싸면 해외에 물건을 파는 대기업은 저렴하게 팔 수 있어 가격경쟁력이 생기고, 그 덕분에 많이 팔면 이익이 증가하고 일본인 직원들의 임금을 많이 줄 수 있어 일본 경제에 긍정적이라는 내용이다.

추락하는 엔화 … 일본 정부-BOJ, 통일전선 깨지나

(아주경제 2022.09.02.) 달러 대비 엔화 가치가 140엔대를 돌파하면서, 일본정부와 일본은행(BOJ) 간 오래 이어져 온 통화정책에 대한 통일전선이 깨질 수 있다는 분석이 나온다. 구로다 하루히코 BOJ 총

> 재가 초완화적 통화정책을 고수하는 상황에서 인플레이션 급등과 엔저에 대한 대중의 불만 여론이 거세질 경우 기시다 후미오 일본 총리와 각을 세울 수 있다는 예상이다.
> 엔화 가치가 급격히 하락한 것은 미-일 간 금리 격차가 더 벌어질 것이란 전망에 힘이 실린 영향이다. 다만 엔화 가치 하락은 소비자와 중소기업에는 큰 부담이지만, 글로벌시장에서 활동하는 대기업의 이익을 높일 수 있다. 전날 발표된 일본정부 보고서에 따르면 엔저 덕분에 일본 기업의 이익이 1954년 이후 최고 수준으로 상승했다. 기시다 총리와 구로다 총재 모두 기업 이익의 증가가 임금 상승으로 이어져 오랜 기간 계속된 디플레이션을 퇴치할 수 있기를 기대한다고 블룸버그는 짚었다. (후략)

여기까지 기사를 찾아 읽는다면 몇 가지 의문점이 생긴다.

'그런데 디플레이션이 뭐지?'

'왜 자기 나라 돈이 싸면 대기업은 이익이지? 서민은 어떻게 되는 거지?'

'그럼 자기 나라 돈의 가격을 일본은 안 올리는데 미국은 왜 올리는 거지?'

'금리 격차가 뭐가 문제지?'

그럼 이 질문을 해소하기 위해 또 꼬리를 물고 찾아본다. 디플레이션이라는 단어를 찾아보면 이런 생각이 들 수 있다.

'아, 디플레이션이란 물가가 오래 하락하는 거구나. 일본은 기업이 돈을 많이 벌어서 임금을 많이 지급해 물가하락을 막고 싶어 하는구나.'

'돈을 계속 풀었는데도 물가가 싸다니, 여기서 더 금리를 내릴 것이 없으면 그다음은 어떻게 할 생각이지? 앞으로 유심히 지켜봐야겠군.'

다음으로 '왜 자기 나라의 돈이 싸면 대기업은 이익이지? 서민은 어떻게 되는 거지?'라는 의문을 해결하기 위해 기사를 찾아본다.

'환율이 낮으면 해외에서 팔 물건값이 싸지니 수출하면 잘 팔리고, 물건을 사올 때는 비싸지니 수입에는 불리하구나.'

'그럼 기업이 돈을 벌어 경기가 좋아지고, 대신 사오는 물건값이 비싸니 서민들의 물가는 올라가서 힘들어진다는 가정이 일본에서도 맞을까?'

이런 생각이 들어 다시 꼬리를 물고 기사를 찾아보면 이런 기사를 발견할 수 있다.

> ## 7년여만의 최고 물가상승률에도
> ## 디플레 걱정하는 일본 … 왜?
>
> **(한국경제 2022.05.23.)** 보통 미국, 유럽 등 다른 국가에서는 기업들이 원자재 가격 상승비용을 소비자에게 전가한다. 반면 일본 기업들은 가격 인상으로 인한 소비자와 대중의 반발을 두려워해 쉽사리 소매가격 인상에 나서지 못한다. 또 수십 년간 제자리인 임금에 익숙한 직원들도 임금인상을 요구하려 들지 않는다. 자신들의 임금인상 요구가 또 다른 물가상승으로 이어질 것을 우려하기 때문이다. FT는 "일본 기업들로서는 수입 원자재 비용이 늘어도 소매가격을 함부로 인상할 수 없고, 결국 그들은 임금 비용을 줄이는 쪽으로 반응해 궁극적으로 인플레이션 압력이 아닌 디플레이션을 야기한다."고 분석했다. (후략)

일본의 입장은 알겠는데 그럼 미국은 왜 지금 금리를 올리고 달러 환율은 올라가고 있는 걸까? 금리 격차란 무엇이 문제일까? 다양한 기사를 찾아보면 공통적으로 나오는 이야기가 있다. 그동안 돈을 너무 많이 풀었기 때문에 물가상승률이 지나치게 높고, 그걸 잡기 위해 금리를 올리고 있다는 것. 또 금리, 즉 이자율을 높이자 세계의 돈이 미국으로 몰려들기 때문에 다른 나라도 금리를 따라 올리지 않으면 돈이 다 빠져나가 버린다는 것도 알 수 있다. 그렇게 돈이 빠져나가면 경제가 휘청이고 그러면 더욱 안전한 미국 돈이 인기라 환율이 올라간다. 결국 미국 입장에서는 어느 쪽도 그렇게 나쁜 상황이 아니다.

> ### "믿을 건 달러뿐"…
> ### 强달러에 달러 상품 찾아가는 투자자들
>
> **(조선비즈 2022.08.30.)** 미국 연방준비제도(Fed·연준)가 긴축 기조를 이어가면서 달러 강세가 지속되자 투자자들이 달러 상장지수펀드(ETF)나 달러 환매조건부채권(RP) 등에 몰리고 있다. 환율이 치솟는 이유는 파월 의장의 매파(통화 긴축 선호)적 발언 때문이다. 파월 의장은 지난 26일(현지시각) 미국 와이오밍주 잭슨홀에서 열린 경제정책 심포지엄에서 "연준의 목표는 인플레이션을 2% 목표로 되돌리는 것"이라며 "지금은 금리 인상을 멈추거나 쉬어갈 때가 아니다"라고 밝혔다. (후략)

하지만 따라서 미국에 맞춰 금리를 올리지 못하는 나라들은 어떻게 될까? 금리 인상을 따라가지 못하는 나라들을 보다가 '그나저나 첫 기사에 중국 경제 둔화 이야기가 있던데 무슨 일 있나?'라는 생각이 든다면 계속 기사를 찾아본다. 그 부분에 의문을 갖고 기사를 꼬리를 물어 더 찾아보면 금리를 인상하지 못하는 건 자국 내 경제 상황이 좋지 않다는 걸 인정하는 셈이 되어 버린다는 걸 알게 된다.

중국 ICBC, 경기둔화 속 하반기 부실채권 확대 우려

(이데일리 2022.08.31.) 중국 최대 은행인 중국공상은행(ICBC)이 중국의 경제성장 둔화로 올해 하반기 부실채권(NPL)이 확대될 수 있다고 우려했다. 중국 부동산 경기침체로 자금난에 직면한 부동산 업체들이 아파트 공사를 중단하자 입주민들이 주택담보대출 상환을 거부하고 있는 탓이다. (후략)

中재정적자 1년 만에 3배 증가 … 제로 코로나·부동산 침체 직격탄

(머니투데이 2022.10.26.) 골드만삭스의 왕 리셩 이코노미스트는 "중국의 재정 상황은 올봄 이후 심각한 도전에 직면했다"면서 "부동산 시장의 급격한 위축과 막대한 세금 환급과 납세 연기, 코로나 통제를 위한 추가 지출 등이 그 원인"이라고 설명했다. (후략)

그중 중국과 일본은 우리나라에도 영향을 미치는 가까운 나라다. 기사를 읽어나가면 경제 상황이 이렇게 장기화될수록 주변국이 어떻게 될지, 우리나라에 미치는 영향이 얼마나 될지, 우리나라는 어떻게 행동하는 게 좋을지 고민해보는 시간을 가질 수 있게 된다.

꼬리를 물고 매일 조금씩 시간을 내 꾸준히 기사를 보다 보면 흐름을 파악할 수 있다.

▼ 주요국가 금리 상황

(출처 : 매일경제 2022.10.19.)

전세대출 금리가 5.8%?
월세 거래, 처음으로 전세보다 많아졌다

(머니S 2022.08.24.) 대출금리 인상과 '깡통전세'(매매가 대비 전세가 비율이 높아 전세금 미반환 위험이 높은 전세) 등으로 전세 대신 월세를 택하는 세입자들이 늘어나고 있다.

24일 부동산 전문 리서치 업체 리얼투데이가 국토교통부 자료를 분석한 결과 올해 상반기 전국 주택 전·월세 거래 중 월세 거래 비중이 51.6%를 차지한 것으로 나타났다. 이는 지난해 같은 기간 9.6%포인트 늘어난 수치로 월세 거래가 처음으로 전세 거래 비중을 넘어선 것이다. (후략)

> ## "2억 내려도 아파트 전세 세입자 없어요" 역전세난 조짐
>
> **(중앙일보 2022.08.28.)** 최근 수도권 아파트 매매·전세 시장이 함께 얼어붙고 있다. 거래절벽에 아파트값 하락세가 가속하는 가운데, 가을 이사철을 앞둔 전세 시장에도 전세물건이 쌓이고 있지만, 찾는 수요가 부족해 전셋값 하락으로 이어지고 있다. (후략)

앞선 미국과 일본, 중국의 기사와 함께 이런 우리나라의 기사를 보면 단순히 '월세가 많아지네? 이게 무슨 일이지?'라고 생각하는 대신 '우리나라는 미국을 따라 금리를 올릴 수밖에 없고, 금리를 올리니 대출이 부담된 사람들이 전세 대신 월세를 선택하는구나. 월세가 오르면 무조건 전세를 밀어 올리고, 전세가 오르면 무조건 매매를 밀어 올리는 게 아니라 월세가 조금 비싸져도 금리가 높아서 전세대출 이자가 더 많이 나오면 여전히 전세로 돌아올 이유가 없겠구나'라는 판단이 가능해진다.

또 '세계경제가 내가 사는 데에 무슨 소용이야?'가 아니라 거시경제와 미시경제가 서로 주고받는 영향에 대해서도 체감할 수 있다. 예를 들면 이런 기사와 같다. 1~2년 전 유럽의 에너지 대란에 대해 기사가 여러 차례 크게 났다. 그것이 남의 나라 남의 일이 아니라 시간이 지나면 내 전기세와 난방비에 영향을 미친다는 사실도 파악할 수 있다.

세계 '에너지 대란'… 공급망 쇼크도 겹쳐

(MIDAS 2021.11월호) 원인은 확산세가 주춤해진 코로나19다. 세계 경제가 회복 기미를 보이자 에너지 수요가 늘며 가격이 급등한 것이다. 주요 산유국들이 고유가를 즐기며 증산에 나서지 않고 있는 점도 유가 상승을 부채질하고 있다.

또 다른 배경은 미국과 유럽연합(EU), 중국 등 각국이 추진하는 온실가스 배출량 감축 정책이다. (중략) 중국이 대안으로 천연가스 수입을 급격히 늘리자, 천연가스를 주요 발전연료로 쓰는 유럽의 상황이 심각해졌다. 올 들어 유럽 천연가스 가격은 약 280%나 올랐다. 탄소중립 차원에서 수백 기의 화력발전소를 조기 폐쇄한 점도 악재로 작용했다. (후략)

유럽발 천연가스값 폭등 … 한국, 에너지 대란 넘어 경기침체 가속화 우려

(이데일리 2022.09.02.) 국제 현물 시세 1년 전의 6.3배로 '껑충'. 급증하는 에너지 수입액은 역대 최대 규모의 무역적자 배경이 되고 있다. 올 10월에는 전기·가스요금이 추가 인상돼 물가상승 압박도 더 커질 전망이다. (후략)

이렇게 지난 과거와 현재까지 흐름을 파악하려면 단순히 기사를 읽는 것만으로는 조금 부족하다. 처음 시작할 때는 제목이라도 매일 적는 게 중요하지만 시간이 지나 익숙해졌다면 기사를 스크랩한 후 꼭 나만의 생각과 관점을 적어 놓아 나중에 내 생각이 맞았는지 틀렸는지, 틀렸다면 어느 부분에서 잘못됐는지 검토하는 것이 좋다.

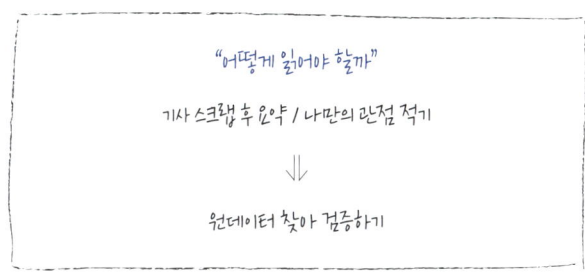

거기까지 익숙해졌다면 한발 더 나아가, 기사가 아니라 기사의 원본 데이터나 정책 발표문을 찾아 직접 들여다보고 나만의 생각을 적어본다. 시작은 가볍게 내 의견을 남길 수 있을 정도의 내 주위 관심사부터 시작해 조금씩 범위를 넓히는 것이 좋다.

금리, 주가, 환율, 정책(세금), 부동산 등 내 생활에 밀접한 기사부터 읽어나간다면 곧 유가, 물가, 채권금리, 경제성장률 등으로 확장해도 어느 순간 전혀 무리 없이 읽을 수 있게 될 것이다.

"어떻게 읽어야 할까"

내 주위 관심사부터 범위 넓히기

금리 / 주가 / 환율 / 정책(세금) / 부동산

→ 유가 / 물가 / 채권금리 / 경제성장률

버려야 할 생각③_
멘토만 따라가면 된다는 믿음

실화를 바탕으로 해서 화제가 된 넷플릭스 드라마 「애나 만들기」와 가수 겸 배우 수지가 배역을 잘 소화한 한국 드라마 「안나」를 보면서 묘한 공통점을 느꼈다. 둘 다 가난한 환경에서 자란 주인공이 거짓과 기만으로 상류층에 편입하려다 실패한 이야기라는 소재 특성상 속이는 사람과 속는 사람들이 등장한다. 얼핏 봐서는 주인공이 걸치는 명품과 화려한 생활에 사람들이 쉽게 넘어가는 것처럼 보인다.

하지만 사람들이 바보가 아니다. 아, 물론 그것에 넘어가는 사람이 있다. 음… 생각보다 많다. 인정한다. 그래서 긍정적으로 생각하면 이루어진다며 롤렉스 시계를 차고, 외제차 핸들 사진을 찍어 올리는 사람이 존재하고, 비법을 알고 싶어 그에게 돈을 찔러 주어 가난한 사람은 더 가난해지고 부자는 더 부자가 되는 부류가 상당히 존재한다. 하지만 드라마를 본 후 주위를 둘러보니 사람들이 넘어가는 건 외적인 부분이 아니라는 점을 발견하게 되었다.

핵심은 '아쉬워하지 않는 태도'였다. 나의 의견과 취향을 자신 있게 드러내고, 잘 보이고 싶어 하는 본심 대신 남에게 아쉬워하지 않는 태도를 보여 상대방이 오히려 나를 아쉬워하게 만들었다. 원하는 사람이 있으면 호감을 드러내고 친밀해지려는 대신 상대방이 원하는 게 뭔지 파악해서 거짓으로라도 그것을 제공하는 것으로 목적을 이룬다. 그게 인맥이든 정보든 환상이든.

이게 사기꾼에게만 적용되는 특징이 아니다. 스스로 멘토를 자청하는 사람 중에도 이런 경우가 가끔 있다. 외제차 뚜껑을 열며 내리는 건 하수다. 요즘엔 기출변형이 훨씬 많다. 예를 들면 돈에 관심 없는 학생 같은 스타일을 고수하며 기부와 선한 영향력을 운운하여 더 많은 돈을 끌어모으는 식이다. '청년버핏, 기부왕'으로 유명했지만 모든 게 거짓이었으며 투자자들의 돈을 돌려막기하고 있었던 게 밝혀져 사기죄로 구속된 박철상이 이 부류에 속한다.

이들은 그런 모습이 되고 싶은 사람들에게 '나도 돈 많이 벌면 저렇게 좋은 일 하면서 살고 싶다'는 환상을 제공한다. 이 문장의 전제 조건은 앞부분의 '돈 많이 벌면'이기 때문에 그 전제를 이룰 수 있는 정보 또한 제공한다. 물론 상당한 금액을 받고. 많은 단어가 앞에 생략되어 있다. '(네가 준 돈으로) 선한 영향력을 베푼다', '(네가 돈을 낼 때만) 진심으로 대하겠다'. 돈을 주고 그 정보를 사는 사람도 좋은 일을 하지는 않는다. 본인이 생각할 때 자신은 돈을 아직 충분히 벌지 않았기 때문이다. 그리고 그 '충분히'는 항상 위를 보는 돈의 특성상 절대 찾아오지 않는다.

그런 사람들이 나에게 피해만 주지 않는다면 무슨 상관이냐 싶겠지만 아쉽게도 경제적 피해를 입는 경우가 종종 있을 수 있다. 설마 실제로 그럴 일은 없겠지만 젊은 청년들의 경제적 멘토를 자처하면서 뒤에서는 업체에서 수수료를 받고 지식산업센터나 미분양된 빌라와 상가를 앞에서는 베풀 듯이 투자 물건으로 추천해줄 수 있다. 물론 오래 공실이 나도 투자는 본인 책임이니 돈 물린 투자자만 소리소문없이 사라지는 결말이다. 또는 미리 사놓고 종목이나 지역을 찍어주어 매수하려고 혈안이 된 사람들에게 내 골칫덩이 물건을 넘길 수도 있다. 하지만 그들은 결코 나에게 돈을 내라 아첨하지 않는다. 내가 스스로 갓다 바칠 수 있게 환상을 만든 후 입금이 확인되면 살짝 손을 내밀 뿐이다.

그들이 문제인가? 나는 아니라고 생각한다. 수요가 있는 곳에 공급이 생긴다. 그 수요라는 건 결국 '돈을 낸 만큼 누군가가 나에게 무언가를 알려주고 나를 이끌어줄 것'이라는 무의식이다. 돈을 내고도 내가 스스로 생각하고 검증하려 하지 않으면 빤스까지 벗겨가는 현실을 자각하는 것이 중요하다.

가져야 할 습관③_
사실관계를 검증해보기

시중에 돈이 많아지면서 부동산, 주식, 코인, 명품까지 모두 올라 한창 '30억 부자, 70억 부자, 100억 부자'가 쏟아져 나왔다. 재밌는 것은 '○○억 부자, ○○채 부자'라는 타이틀을 가지고 나처럼 되고 싶으면 나에게 돈을 내라는 사람들은 아주 오래전부터 활황기마다 존재했고 패턴도 비슷한데 매번 장사가 잘된다는 점이다. 하지만 그들의 모습이 그들이 홍보하고 그걸 보는 우리가 상상하는 것처럼 자유롭고 풍요로울까?

가상의 예를 들어보자. 여기에 여러 유튜브 채널에 출연해 결국 떡상 성공한 '27억 부자'가 있다. 그는 경매 시작 1년 만에 아홉 채 낙찰과 월세 400만 원 세팅, 2년 반 만에 총 열한 채를 낙찰받아 월 1,000만 원 이상의 수입과 부동산 자산 27억 원을 일구어 경제적 자유를 이뤘으니 이 노하우는 자신의 오픈채팅방에 들어오면 알려주겠다고 한다. 유튜브는 반지하 빌라를 추천하는 내용이다.

이런 사람을 보면 사람들은 대단하다며 강의료를 지급한다. 빵 열 개 가진 사람에게 빵 한 개 가진 사람이 하나 있는 빵마저 바치는 것이다. 그런데 여기서 먼저 해야 할 일이 있다. 자산의 개념에 대한 이해다. 생각보다 많은 사람이 자산과 순자산을 혼동하고 있다. 자산은 부채, 즉 남에게 빌린 돈도 포함하고 있다.

그래서 '30억 부자, 20채 부자'가 되는 방법은 아주 간단하다. 수원, 인천 등 외곽 오피스텔, 도시형 생활주택, 빌라나 취득세 중과가 없는 지방의 낡은 소형 아파트는 매매가와 전세가가 같은 물건이 굉장히 많다. 건물이 낡아감(감가상각)을 고려해 세입자가 사지 않고 높은 세를 내는 것이 낫다고 판단한 것이다. 이 케이스는 양쪽 모두에게 리스크로 작용한다. 주인은 매달 월세를 받을 수 있지만 실상은 집값을 매달 조금씩 빼먹는 셈이고 세입자는 주인이 잠적할 경우 전월세 보증금을 돌려받지 못할 수 있다. 하지만 어쨌든 현실은 그 둘의 이해관계가 맞는 지점에서 가격을 형성하고 있다.

취득 시 세금과 복비 약간만 있으면 한 달 안에 스무 채 매입하는 건 쉽다. 가장 흔한 케이스는 저소득층을 지원해주는 한국토지주택공사(LH)의 전월세보증금 대출 한도에 맞춘 물건으로 하나당 8,500만~2억 원 정도의 부동산을 사들인다. 안 팔려서 고민인데 누가 사준다면 매우 고마워할 것이다. 자산은 '내 돈 + 다른 사람에게 빌린 돈'이니 자산 30억 원 중 내 돈이 0원, 세입자에게 돌려줄 전세보증금 30억 원이라 해도 '자산 30억 원'의 문구가 거짓이 아니다.

월세의 경우도 비슷한 루트를 거친다. 앞서 가상의 예를 들어 설명하면, 아홉 채 낙찰을 낙찰가 총합 9억2,000만 원에 받고 경락잔금대출을 80% 받으면 7억3,600만 원, 돌려줄 보증금은 아홉 채니까 각 1,000만 원씩 총 9,000만 원이라 가정하면 내 돈은 9,400만 원이 들어간다. 월세 400만 원(1년에 4,800만 원)으로 세팅한다고 언급했으니까 대출이자를 4%로 가정해 245만 원(1년에 2,944만 원)을 내고 순이익 155만 원(1년에 1,856만 원) 남기면 수익률은 20%가 된다. 수익률은 높지만 절대가가 낮은 이런 경우 문제는 만약 낡아진 집에 보일러나 집기를 교체해 줘야 하는 경우가 생기면 일 년치 이익이 사라질 수도 있다는 점이다.

자산에서 부채를 제외한 순자산 계산 시에도 보유하고 있을 때는 그나마 내 돈과 상승분을 더하면 괜찮은데, 상승분이 없는 시기나 지역이고 매도 시 중과세를 내고 나면 수고에 비해 이익은 형편없을 수도 있다. 그래서 이들이 택한 방법은 대체로 그대로 썩어가는 물건들을 갖고 있으면서 그걸로 홍보해서 강의를 통해 생활비를 해결하는 것이다.

여기까지 오면 홍보를 위해 필수 경비가 지출된다. 사람들을 현혹할 만한 그럴싸한 자동차 등 사치품이 필요하기 때문이다. 이미지 관리와 더불어 돈을 더 내게 하기 위한 영업과 사람들 관리 등도 필수인데 여기에 상당한 노동이 들어간다. 거기에 돈을 다루는 종목은 수강생이 강의료 이상의 이익을 얻지 못하면 불만이 생기기 때문에 100% 다 맞춘다고 해도 불만이 생길 수밖에 없다. 그런 욕받이가 될 각오를 하고 그 일을 계속해야 하는데

이는 흡사 연예인이 무대 위에서 화려한 모습을 보이다가 내려와서는 운전과 서류 작업, 홍보전단지 작성 등도 직접 다 하는 것과 같은 고생이다. 차라리 6시에 퇴근할 수 있는 회사원이 더 낫겠다 싶은데도 그 일을 계속하는 건 그 강사가 자본에서 나오는 수익이 적어 반드시 노동소득이 필요한 경우일 수 있다.

"○○님은 '순자산'이 100억이라고 했는데요?"라는 분이 있다. 그럴 수 있다. 당신이 낸 강의료와 컨설팅비가 그분을 그렇게 만들어 줄 수 있기 때문이다. 한 번 만날 때 300만~500만 원이면 매일도 아니고 3일에 한 명씩만 만나도 1년 수익이 5억 원이다. 컨설팅이 활발했던 2017년부터 2022년까지 매달 돈 들어올 때마다 전세 끼고 집을 하나씩 사두었다면 지금쯤 충분히 가능할 수 있다.

다른 케이스로는 순자산 계산법이 약간 다른 경우다. 예를 들면 지분물건을 경매로 받는 경우다. 이런 분은 수강생들에게 하나의 부동산을 다 같이 사면 한 사람당 매우 적은 금액으로도 집을 살 수 있다고 말하며, 나도 들어갈 테니 믿고 따라만 오라고 설득한다. 그럼 수강생들은 안 그래도 긴 가민가 불안한데 고마운 마음에 덜컥 돈을 지불한다. 강사는 지분물건을 공동입찰로 낙찰받아 더 쪼개 놓거나 온전한 물건을 받아도 수강생들의 비율대로 쪼개 놓을 수 있다. 2억 원짜리를 열 명이 들어가는 것도 본 적 있는데, 그럼 한 사람당 2,000만 원 정도이고 대출을 받을 경우 몇백만 원으로 집을 소유할 수 있는 것이다. 이렇게 하면 내 돈이 거의 들지 않고 100개의 등기권리증을 쭉 늘어놓을 수 있으며, 어느 지역에 내 집 또는 내 땅이 있다고 홍보해도 거짓말이 아니게 된다.

지분물건의 단점은 내가 팔고 싶을 때나 뭔가 결정을 내려야 할 일이 있을 때 나 혼자는 아무것도 할 수 없다는 부분이다. 하지만 장점은 순자산 계산에 있다. 경매 때 감정평가한 금액이 실제 시세나 내가 낙찰받은 금액보다 높으면 감정평가한 금액을 기준으로, 호가가 높으면 호가 기준으로 순자산을 계산할 수 있다. 또 금액에 대체로 일정한 아파트가 아니면 개별성이 강해 내가 안 팔리더라도 높은 금액에 내놓아 놓고 그걸 시세라고 말할 수 있다. 거기에 지분물건은 타인의 지분이 레버리지 작용을 해 더 크게 순자산 증가액을 계산할 수 있는 것이다.

그 외에 정말로 다양한 방법으로 자산을 부풀릴 수는 있다. 하지만 내가 그 입장이라고 생각해보자. 내가 30억 원, 100억 원이 있다면 건물 한두 개 사놓고 월세 받거나, 투자가 성향에 맞는다면 재밌는 투자만 혼자 계속하지 얼굴 팔리고 욕먹는 일을 할 것인가? 어쩌면 그들에게는 이게 놓을 수 없는 생계일 수 있다. 그렇기에 마케팅도, 포장도 목숨을 걸고 열심히 하는 게 당연한 건지도 모른다.

공급자의 의도가 악해서 이런 일이 벌어지는 건 아니다. '더닝크루거 효과(Dunning-Kruger effect)'는 능력이 없는 사람이 잘못된 판단을 내려 잘못된 결론에 도달하지만 능력이 없어 자신의 실수를 알아차리지 못하는 현상을 말한다.

▼ 더닝크루거 효과

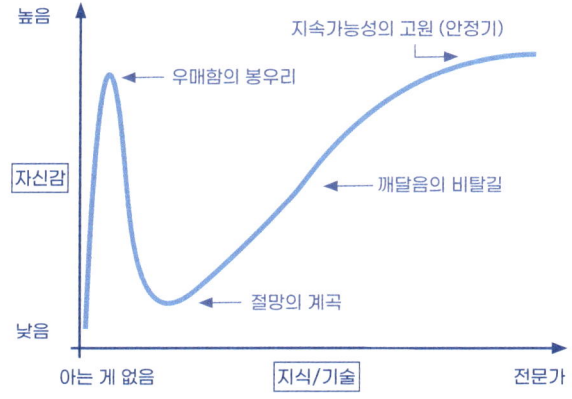

이 '우매함의 봉우리'에서 막 무언가를 시작하고 뭔가 대단한 걸 깨달은 것 같아 너무나 기쁜 나머지 다른 사람들에게도 알리고 싶어 하는, 하지만 이를 통해 떼돈도 벌고 싶은 '선한' 사람들이 대부분이다. 이런 사람들은 우매함의 봉우리에서 책을 내고 강의를 하고, 시간이 흘러 절망의 계곡에 빠지든 장이 꺾여 손실의 계곡에 빠지든 새로운 국면을 맞이하여 조용히 사라진다. 그들의 말을 듣고 따라가다 같이 계곡에 빠진 소비자에게 어떤 일도 해주지 못한 채. 결국 중요한 건 소비자인 우리가 검증하고, 계산하고, 본질을 파악하려는 노력을 해야 한다. 내 돈이 들어가고 내가 선택하는 일은 과실도 책임도 모두 내가 짊어지기 때문이다.

버려야 할 생각 ④_
일을 그만둬야 행복해진다는 착각

얼마 전 명품 카페에 하나의 글이 올라왔다. 원하는 가방을 사면 기분 좋은 게 점점 주기가 짧아지더니 이제 하루 이틀밖에 안 가니 쇼핑으로 스트레스 풀기가 어려워졌다는 내용이었다. 이를 설명할 수 있는 '쾌락적응(hedonic adaptation)'이라는 단어가 있다. 저명한 심리학자인 소냐 류보머스키 교수가 책 『행복의 신화』에서 사용한 단어로, 행복도 불행도 반복될수록 적응해버려 일상이 된다는 뜻이다. 행복도 반복되다 보면 기쁨이 줄어들고 같은 쾌락을 느끼려면 더 큰 자극이 필요하다.

우리는 매일 회사 때려치우고 매일 놀기만 하면 좋겠다고 생각하지만 막상 그런 매일이 반복되면 행복감은 반감되다가 이윽고 무감각해질 것이다. 그렇게 되면 살아있다는 실감을 갖기 위해 순간적인 쾌락 행위를 점점 강도를 높이면서 살아가든가, 스스로 미션을 부여해 달성하며 게임 클리어와 같은 성취감을 느끼며 살아가게 된다.

일을 하지 않는다는 선택보다 일을 하는 게 더 행복한 선택이라는 근거는 앞서 언급한 쾌락적응 이론이 통하지 않는 분야에 대한 연구에서도 엿볼 수 있다. 2019년 한겨레에서는 '주는 기쁨은 사그라들지 않는다'는 제목의 기사를 통해 심리학자 에드 오브라이언과 사만타 캐서러의 실험 결과를 소개했다. 이 실험은 대학생들에게 5일 동안 매일 5달러를 주고 매번 똑같은 곳에 돈을 사용하도록 요구했다. 그리고 매일 자신이 어디에 썼으며 행복감이 어땠는지 점수를 매기도록 했는데 예상했던 대로 자신에게 돈을 쓴 사람은 기쁨이 점점 감소했다. 하지만 남에게 주거나 기부를 한 경우에는 행복의 감소가 거의 없어 '주는 기쁨'이 크다는 결론을 내렸다. 이에 연구진은 돈을 받는다는 '결과'에 대한 경험은 둔감해지는 반면 주는 '행위'는 경험 간 비교가 어렵고, 기부가 사회적 소속감과 연대감을 높여주어 행복감을 유지하는 데 일조한 것으로 분석했다.

돌이켜보면 우리가 일을 한다는 것은 단순히 돈을 버는 행위가 아니다. 내 능력의 결과물을 사회에 건네주고 그것에 대해 연봉으로 보답을 받으며, 사회적인 소속감과 연대감을 느낀다는 점에서 일이라는 건 결국 남에게 주는 행위와 비슷하다고 볼 수 있다.

그렇다면 결국 내가 회사에 다니든 다니지 않든 '성취감'을 느끼는 인생이 행복과 직결된다는 결론에 이른다. 다만 일반적인 회사에서는 상사가 시키는 일을 싫지만 해야 한다고 느끼거나 월급 때문에 억지로 다닌다는 생각이 쉽게 들 수 있어 성취감을 가로막고 있다. 이때 필요한 것은 내가 이 일과 이 회사를 내가 좋아서 선택했다는 자각이다. 만약 아무리 생각해도 내가 이 일을 선택했다는 결론이 내려지지 않는다면 그때야말로 내가 좋아하는 일을 하기 위해 떠나야 할 때다.

좋아하는 일을 하기로 선택하는 건 행복만을 위해서가 아니다. 성공을 위해서도 필요하다. 책 『아비투스』를 보면 아래와 같은 내용이 나온다.

> Q. 어떤 심리적 요소가 위로 도약하는 데 도움이 될까요?
> A. 돈, 권력, 명예욕이 아니라 과제에 대한 순수한 열정이 1순위여야 합니다. 정말 좋아하는 일을 하는 사람이 가장 큰 성공을 거둡니다. 좋아하는 일을 하는 사람은 자신의 모든 가능성을 총동원하기 때문이죠.

2021년 세계일보에 '15년 일하고 49세에 퇴직 … 사라지는 평생직장'이라는 기사가 실렸다. 이는 통계청에서 발표한 2021년 5월 고령층 부가조사 결과를 바탕으로 했는데, 내용은 주 일자리를 퇴직하는 나이는 49.3세이며 주된 직장에서 퇴직한 후 제2의 일자리를 찾는 고령자가 늘고 있다는 것이다. 고령층이 희망하는 은퇴 나이는 평균 73세이니 제2의 일을 하는 기간은 약 24년이다. 이는 25세부터 49세까지 근무하는 주 일자리와 비슷한 기간이다. 고령화되어가는 미래는 주 일자리보다 제2의 일자리에서 일하는 날이 더 길지도 모른다.

이런 세상에서 제2의 일을 좋아하는 일로 선택한다면 76세에 그림을 시작해 101세까지 그림을 그린 모지스 할머니나 84세에 입사해 100세에 은퇴한 최고령자 국립공원 해설사 베티 리드 소스킨처럼 나이와 상관없이 인생의 리즈시절을 맞을 수 있다. 소스킨은 인터뷰에서 자신의 일에 대해 "나의 역사를 공유하면서 새로운 국립공원을 만들어내는 것 자체가 흥미롭고 성취감 넘쳤다. 내 말년에 큰 의미를 부여하는 일이었다"라고 말했다. 누군가에게는 대수롭지 않게 지나칠 '해설사'라는 일이 누군가에게는 성취감을 느낄 수 있는 의미 있는 일인 것이다.

흔히 사람들은 꿈의 직장, 꿈의 일, 꿈의 인생이 어딘가에 파랑새처럼 존재하고 내가 그걸 찾으러 먼 여정을 떠나거나 이번 생은 글렀다며 체념을 하곤 한다. 하지만 동화 속 결말처럼 파랑새는 우리 근처에 있다. 바로 내 선택 안에.

가져야 할 습관 ④_
다양한 시도를 지속적으로 해보기

책 『착각하게 하는 힘_타인의 생각을 조종하는 생각의 기술』에는 성공하는 사람들에게 운이 어떤 작용을 하는지를 흥미롭게 풀어낸다. 예를 들어 실제 실력이 5인 사람이 있고 실제 실력은 2지만 7처럼 보이는 사람이 있을 때, 우리는 어릴 때부터 보아왔던 동화부터 성인이 되어 본 성공담의 주인공처럼 결국에는 실력이 5인 사람이 더 성공할 것이라 예측한다. 실력이 2지만 7처럼 보인 사람의 거품은 언젠가 드러날 것이라며.

하지만 실제 결과는 반대라고 한다. 실력에 비해 성과가 많이 나오는 건 운일 수 있지만, 그 모습이 주변 사람들에게 착각을 일으켜 좋은 사람들이 주변에 모이거나 각종 지원을 받는 등 환경이 갖춰지게 되고 결국에는 실력이 향상된다는 것이다.

주변 사람들이 하게 되는 '착각'이란 '저 사람은 실력이 있어 성공했다', '한 번 성공한 사람은 또 성공할 것이다', '저걸 잘하는 사람은 머리가 좋으니 다른 것도 잘 할 것이다' 등이다.

생각해보면 우리는 TV나 유튜브에 나와 내가 저절로 인식할 정도로 유명하고 성공한 해당 분야 상위 1%의 사람을 매일 접하고 있다. 그 사람들보다 박식하거나 실력 있거나 외모가 뛰어난 사람은 많지만 어떤 상황과 우연이 겹쳐 그들은 상위 1%가 되고 우리는 그들을 보며 '실력이 있어 성공했다'는 착각을 하곤 한다.

하지만 그들이 다시 과거로 돌아가 다시 인생을 플레이 한다 해도 같은 성공을 거둘지는 미지수다. 한 스타가 토크쇼에 나와 다른 사람들이 자신을 보며 열심히 노력하면 저렇게 될 거라고 말하는 건 복권 1등 당첨자를 보며 자기도 똑같이 당첨 될 거라고 생각하는 것과 같다는 말을 한 것과 비슷한 이야기다. 하지만 우리는 항상 누군가 무언가를 성취했을 때 인과관계를 찾고 싶어 한다.

저자는 이런 심리를 이용해 성공하는 방법에 대해 '작은 시도를 여러 번 해서 운의 확률을 높이기'를 제시한다. 다양한 것에 작은 시도를 여러 번 해서 그중 하나에 성과가 나면 그 성과를 부각시킨다. 그럼 그것이 사람들의 착각, 즉 후광효과를 불러일으키고 좋은 환경을 획득하게 해 성과를 낼 가능성이 높아지고 그래서 성과가 나면 또 그걸 부각시킬 수 있다.

이 이야기를 잘 들여다보면 우리는 두 가지를 알 수 있다. 하나는 뭐가 터질지, 언제 터질지는 아무도 모른다는 것, 다른 하나는 터질 때 까지 다양하고 오래 시도하려면 그 자체에 대한 흥미가 있어야 한다는 것이다.

비슷한 이야기가 마이클 모부신의 책 『운과 실력의 성공 방정식』에도 나온다. 마이클 모부신 교수는 성공한 사람들의 상당히 많은 부분이 운에 좌우되었으며 특히 투자는 도박과 거의 비슷할 정도로 운이 좌우하는 항목으로 분류하고 있다.

그렇기 때문에 제일 먼저 해야 할 일은 내가 매진할 분야가 실력으로 좌우되는 분야인가, 운으로 좌우되는 분야인가를 구분하는 일이라고 한다. 실력이 좌우하는 분야라면 훈련과 피드백을 통해 발전할 수 있지만 투자는 운이 좌우하는 분야라며 하나의 실험이 나온다.

강의시간에 동전 던지기를 해서 앞뒷면을 맞추는 게임을 하면 네 번 연속 맞추는 학생이 나타나는데 가끔 여섯 번 이상 맞추는 학생도 나온다고 한다. 그리고 이건 확률적으로 가능하다. 우리가 매주 여섯 개의 숫자를 다 맞춰서 로또 1등이 되는 사람을 볼 수 있는 것처럼. 우리는 로또 당첨자가 여섯 개의 숫자를 골라내는 방법을 실력이라 부르지 않는다. 하지만 이를 투자 세계로 가져와 네 번 연속, 여섯 번 연속으로 상한가를 치는 종목을 맞추면 그 사람을 실력자로 인식한다.

이걸 실력으로 부를 수 없는 건 예를 들어 설명하면 이렇다. 어떤 사람이 대출을 많이 받아 공격적인 투자를 여러 번 반복했는데 특정 시기에 많은 돈을 벌었다고 가정한다. 그럼 이 사람은 자신의 비법을 다른 사람에게 알려준다. 하지만 들은 사람이 같은 행동을 하더라도 시기, 수입 등 다양한 변수 중 한두 가지만 다르면 같은 결과를 낼 수 없을 것이다.

그럼 저자가 말하는 운을 높이는 방법은 무엇인가 하면 이것이 운이라는 걸 인식해야 한다는 것부터 출발한다. 그래야 운은 내가 통제할 수 없으며 다양한 확률로 일어날 수 있는 사건에 미리 대비해야 한다는 걸 깨달을 수 있다.

사람들은 종종 착각을 한다. 나는 바쁘고 열심히 사니까 잘될 거라는 착각. 내가 이렇게 누구보다 열심히 살고 있으니 계단식으로 성장하다가 결국 성공하게 되지 않을까?

나도 그런 생각을 자주 했었다. 하지만 현실은 전혀 그렇지 않았다. 성장은 계단식이 아니었고 성공은 노력에만 달려 있지 않았다. 잘 생각해보면 나도 연예인을 좋아할 때 누구보다 열심히 하는 무명배우보다 어쩐지 매력 있고 자꾸 보고 싶어지는 배우를 좋아한다.

내가 추구해야 할 모습을 배우로 예를 든다면 상위 1%인 정우성, 현빈이나 전도연, 손예진 같은 '스타'가 아니다. 성공이 확률이라는 걸 인식하고, 좀 더 다수를 차지하면서 직업을 오래 유지할 수 있는 직업배우다. 내가 좋아하는 연기를 오래 하며 꾸준한 수입을 얻는 것부터 할 수 있어야 '지속'하다가 운 좋게 인생 캐릭터를 만나 '터지는 것'이다.

조선시대에는 말 타는 능력이 중요했지만 현대에는 말타기가 성공이나 취업을 크게 좌우하는 요소는 아니다. 시대에 따라 필요한 능력이 다르다. 앞으로 어떤 시대가 올지는 알 수 없고 나의 어떤 부분이 터질지도 알 수 없다. 내가 할 수 있는 건 작고 다양한 시도를 지속해 확률을 높이고 일어날 수 있는 사건들에 대해 대비하는 것. 그리고 이걸 유지할 수 있도록 내가 좋아하는 일, 좋아하는 분야를 찾아 선택하는 일이다.

4장

적당히
잘살기 위한 1단계
'나에 대한 투자'

왕과 여왕처럼 사는
팔자의 비밀

잠깐 재벌 3세 언니와 친구처럼 지낸 적 있다. 당시 언니는 서울대에 다니는 남자친구 때문에 속상해하고 있었다. 외모, 학벌, 인성 모두 괜찮은데 경제적 부분에서 자격지심이 있다는 것이다. 결국 결혼까지 가지 못하고 둘은 헤어졌다. 톱가수 이효리도 과거 한 예능에 나와서 비슷한 이야기를 한 적 있다. 과거 남자친구에게 들은 말 중 가장 상처가 되는 말이 무엇이었냐는 질문에 '네가 더 잘 벌잖아'라고 답했다. 자신은 사달라는 성격도 아니고 그저 남자친구가 소소하게 챙겨주는 기분을 느끼고 싶었을 뿐인데 항상 그런 대답이 돌아왔다고 한다. 이렇게 현실에는 (믿을 수 없게도) 복을 발로 차는 사람이 존재한다.

반면 특출나게 외모나 조건이 좋지 않아도 주변에 결혼을 잘 하는 사람이 있다. 한 언니는 친정이 어려운 편이었는데 결혼 후 시댁에서 집과 건물을 받은 것은 물론 친정 갈 때마다 시부모님이 잘 키워준 친정부모님이 고

마우니 드리라며 돈다발을 챙겨주기도 했다. '경제적으로 우수한 사람과 하는 결혼'이 '잘한 결혼'이라는 것은 아니지만, 존재 자체를 고마워하고 챙겨주시려는 마음씨에서 결혼 참 잘했다는 소리를 듣는다.

사람들은 이런 사람을 볼 경우 분명 상대에게 다른 하자가 있을 것이라고 생각하거나, 돈을 내고라도 그 비법을 알아내고 싶어 한다. 객관적 지표로는 더 뛰어난데 인생이 힘든 사람과 뛰어나지 않은데 인생이 평화로운 사람. 연애 2년, 결혼 13년차를 지나 40대가 되고 나니 그런 사람들의 패턴을 조금 깨닫게 되었다.

가장 가까운 사례로는 내 남편이 있다. 남편은 키가 173cm이고 얼굴이 임시완을 닮지도 않았으며 지방대를 나와 소소한 연봉의 개발자로 살고 있다. 하지만 아내(나)가 일을 하면서 재테크를 통해 인천에서 서울로 내 집 마련을 했으며 돈 걱정과 집안일과 육아를 일체 시키지 않고 집에 오면 게임 패드 외에는 손대지 않게 해준다. 심지어 게임 하면서 먹은 과자봉지조차 쓰레기통에 넣는 법이 없어서 내 아들은 크는데 어머님 아들은 언제 클까 하는 생각이 들곤 한다.

하지만 서로 알고 있다. 우리 집의 중심이 남편이란 걸. 왜냐 하면 남편은 멘탈에 기복이 없기 때문이다. 빚투성이 여자와 연애할 때도, 투자로 한 번에 몇억 원을 버는 여자와 살 때도 태도가 한결같다. 지켜보니 다른 사람을 대할 때도 객관적으로 잘난 사람을 대할 때 주눅드는 법이 없고 못난 사람을 대할 때 으스대는 법이 없었다. 그렇기 때문에 차든 시계든 '남자는 이 정도는 돼야지'라는 허세도 없고 사람을 위아래로 가늠하지 않으며, 가끔 도저히 방법이 안 보이는 어려운 일이 생겼을 때 "걱정하지 말라, 어떻게든 된다"는 말을 담백하게 한다. 실제로 세상사 어떻게든 되었고, 남편이 억지로 힘을 내는 게 아니라 정말 그렇게 생각하고 호들갑 떨지 않으니 만약 내가 다시 나락으로 떨어진다고 해도 무던하게 이 사람만은 내 옆에 있어 줄 것이라는 느낌이 강하게 들었다.

그런데 신기하게 투자나 사업을 하는 사람들과 이야기해보면 아내나 남편이 이런 성격인 사람이 많았다. 내가 이것저것 한다고 애쓰고 밖에서 사람들한테 스트레스받고 기분이 롤러코스터를 타지만 집에 오면 안정감을 주는 사람이 있다? 그 가치가 밖에서 벌어오는 몇억 원보다 훨씬 큰 것이다. 흔히 남자들이 어리고 예쁜 여자들만 찾는다고 하는데 잘 보면 등가교환 관계인 경우가 많다. 그렇기에 심리적인 부분이든 경제적인 부분이든 외적인 부분이든 여자도 원하는 남자를 만나고 싶을 때 그 사람에게 없는 반대급부를 제공해주면 교환이 성립되는 걸 볼 수 있다.

결혼을 꼭 해야 한다고 말하는 게 아니다. 대부분의 인간관계는 '등가교환'이고, 가장 큰 가치는 '기복 없는 멘탈'이라는 점을 인지하는 것이 자기계발이나 재테크를 시작하기 전에 알아야 할 부분이라는 말을 하고 싶다. 대부분 저런 성격을 가진 사람은 어릴 때 집이 평화롭고 정서적으로 사랑을 듬뿍 받고 자란 편이고 자연스럽게 그 부분이 인간적인 매력으로 뿜어져 나온다. 하지만 내 환경이 그렇지 않았더라도 저 부분을 인지하고 있으면 노력으로 어느 정도 따라잡을 수 있다.

    돈을 많이 벌었다는 사람이나 재테크 강사, 인플루언서 등을 접할 때 지나치게 저자세가 되는 사람들이 있다. 나는 부족하고 저 사람은 대단해 보이니 저 사람의 '모든 면'을 배워야 하며, 나와 생각이 다른 부분은 무조건 내 쪽이 틀렸을 것이라는 결론을 내려 우상화한다. 또는 원하는 부분을 얻고 난 이후에는 바로 뒤돌아서기도 한다. 두 모습 모두 무의식 중에 사람은 우열이 있고 내가 저 사람보다 아래에 있다는 마음이 있기 때문이다. 원하는 부분을 얻으면 저 사람과 동급이 되니 필요성을 못 느껴 떠나간다. 문제는 상대방도 이 '자격지심'을 무의식적으로 느끼고 있어 원하는 걸 얻기 더 어렵다는 것이다.

    잘 생각해보면 상대방은 이게 '일'이다. 내가 내 업무는 저 사람보다 잘 알듯이 이 업무는 저 사람이 더 잘 알 뿐이다. 나도 내 일에 쏟는 시간과 노력을 그 일에 쏟았다면 그 모습일 수 있다. 우열이 아니라 선택의 문제다. 또 내가 저 사람에게 배울 점이 있다는 건 그저 그 자체지 내가 부족하다는 이야기는 아니다. 이걸 알게 되면 멘탈에 기복이 적어지고 상대에게 없는 부분을 제공하여 무리 안으로 들어갈 수 있으며, 최종적으로는 내가 내 시간과 노력을 어디에 쏟을지 정해 흔들림 없이 나아갈 수 있다. 내가 원하는 인생을 사는 것, 그게 왕과 여왕처럼 사는 게 아닐까.

퇴사가 간절할 땐
이것 먼저 계산해보자

자본주의 사회에서 살아남는 이야기를 할 때 첫 부분에 은퇴 금액을 계산해봐야 하는 이유는 회사가 내 인생을 책임져주지 않기 때문이다. 회사가 내 인생과 무슨 의리가 있는 것도 아니므로 회사가 조금만 어려워져도 나를 책임지지 않을 것이라는 사실을 우리는 이미 경험으로 알고 있다. 또 회사가 잘 나가도 내가 백 살까지 회사를 다닐 수는 없는 노릇이므로 결국 회사 밖에서도 살아남을 수 있는 준비를 미리 해봐야 한다.

회사 밖 생활에 환상과 기대를 가지는 건 준비에 도움이 될까? 한창 부동산과 주식과 코인이 폭등할 때, 내가 직장에서 버는 월급이 쥐꼬리처럼 느껴지며 이 시간에 투자를 하면 부자 되겠다는 생각이 모든 사람들의 가슴을 뛰게 했다. 회사야 항상 때려치우고 싶었지만 구체적인 방법이 손에 잡히는 것만 같았기 때문이다.

그렇다면 나는 과연 때려치울 준비가 어느 정도 되어 있는지, 과연 때려치우는 것이 내 적성에는 맞는지 제대로 파악하고 있을까. 잘 모르겠다면 지금 A4용지를 한 장 꺼내보자. 그리고 나와 가족들의 이름을 적고 옆에 나이를 같이 기입한다. 그 밑에는 '지금 은퇴한다면 어떻게 살고 싶은지' 상상하여 적어본다.

이걸 적어보자고 하면 사람마다 다양한 답변이 나올 것이라 생각했는데 2017년 처음 다이어리 강의를 시작했을 때부터 2022년까지 거의 비슷한 답변이 나와서 매번 놀란다. 20~30대는 스포츠카와 강남 아파트에서 골프 치고 브런치 먹는 모습을 이야기하고 40~50대는 저어기 바닷가나 한적한 시골마을에 내려가 예쁜 내 건물에서 카페를 하며 그림을 그리거나 글을 쓰거나 기타 취미생활을 하는 모습을 빼놓지 않고 말한다. 그렇다. 사람 사는 거 거기서 거기고 원하는 것도 거기서 거기인 것이다. 돈은 많은데 아무도 나를 모르는 것.

그럼 거기서 '돈은 많은데'의 많다는 어느 정도일까? 어느 정도면 원하는 삶을 살 수 있을 것 같냐고 물어보면 대부분 "아… 한 30억이요? 아니면 50억? 100억은 있어야 하지 않을까요?"라는 답변이 돌아온다. 왜 그 금액이 나왔는지 다시 물어보면 "그냥 그 정도는 있어야 될 것 같아서요"라고 대부분이 대답한다. 한 번도 정확히 계산해보지 않았기 때문에 모호한 감각만이 남아 있고, 그래서 무의식 깊은 곳에 난 그 돈이 없으니 회사를 그만둘 수 없다는 결론을 내리게 되는 것이다.

다니고 싶어서 다녀도 힘든데 다녀야 해서 다닌다고 여기는 순간 같은 회사라도 마음에 지옥도가 펼쳐진다. 이 '미래에 대한 막연한 불안감'이 마음속 깊이 자리 잡으면 유튜브 등에 '5억으로 은퇴', '100억 부자 되는 법'에 쉽게 현혹되고 준비에 들어갈 돈을 헛되이 낭비하게 된다.

얼마 전 '5억으로 파이어족'이라는 키워드로 화제였던 두 분이 있다. 둘 다 자녀 없는 2인 가족이다. 그중 한 명은 자세히 읽어보니 5억 원은 금융자산일 뿐 집과 2년치 생활비는 별도로 계산했으며, 그래도 계산이 맞지 않아 찾아보니 남편 돈은 별도라는 이야기가 블로그에 쓰여 있었다. 또 다른 한 명 역시 당장 12년간 쓸 돈이 5억 원이고 집과 각종 연금은 별도며 부부가 모두 대기업 출신이라 짧은 시간에 상당한 저축이 가능했다는 점을 밝혔다. 이리저리 계산해보면 부부 둘이 20억 원 정도는 있어야 한다.

그런데 우리는 대체로 자식도 있다. 그러니 아까 A4용지 하단에 아래 항목을 적고 옆에 각각 얼마가 필요한지 계산해서 넣어보자.

▼ 라이프 사이클에 따른 자금계획 세워보기

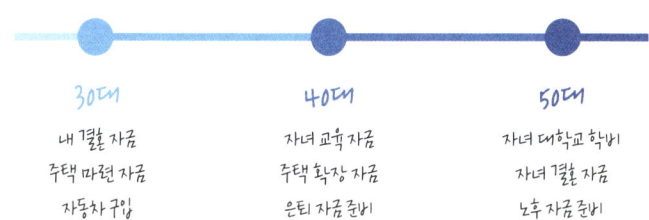

30대
내 결혼 자금
주택 마련 자금
자동차 구입

40대
자녀 교육 자금
주택 확장 자금
은퇴 자금 준비

50대
자녀 대학교 학비
자녀 결혼 자금
노후 자금 준비

[계산 시 유의할 점]

① 30대 주택 마련 자금은 처음 시작할 때의 10~20평 정도의 독립 집 또는 신혼집이 기준.

② 40대 주택 확장 자금은 아이가 태어나고 자라면서 각 방을 줄 수 있는 30~40평대 집이 기준(솔로, 2인 가족이라면 계산하지 않아도 무방).

③ 요즘은 60~65세까지 근무할 수 있는 직장이 많지 않으므로 은퇴 자금은 은퇴 예상 시기와 국가 연금을 받을 수 있는 나이 사이에 쓸 돈으로 계산.

④ 노후자금은 국가 연금을 포함하여 60~65세 이후부터 평균 수명까지 쓸 돈.

⑤ 자녀 대학교 학비, 결혼 자금 등은 해당 사항 없을 시 계산하지 않아도 무방.

자, 이제 얼마가 나왔을까. 50억 원? 100억 원? 이런 식의 계산은 각종 유료상담에 빠지지 않고 등장한다. 공포 마케팅은 언제나 누구에게나 통하기 때문이다. 그래서 죽을 때까지 '자장면만 먹고 살아도 N억 원'이라는 식의 문구가 존재하고, 지금 '이 상품'을 가입하면 그 두려움을 없앨 수 있다고 말한다.

하지만 우리 실제 인생은 어떨까. 2021년 6월, 매일경제에서 통계청 가계금융복지조사 데이터를 근거로 한 기사를 발표했다.

은퇴하니 벼락거지 …
66세 이상 44% 月90만 원으로 산다

(매일경제 2021.06.08.) 보험개발원이 만든 '2020 은퇴시장 리포트'에서 은퇴 가구의 평균 자산은 3억6,316만 원으로, 은퇴 전(4억8,185만 원)의 75.3% 수준인 것으로 나타났다.

연간 평균소득도 은퇴 전에는 6,255만 원에 달했지만 은퇴 후에는 2,708만 원으로 58%나 줄어드는 것으로 조사됐다. 또 KB경영연구소 골든라이프연구센터가 은퇴자·은퇴예정자 3,000명을 대상으로 한 최근 설문조사에서는 여유로운 생활을 위해 필요한 월평균 생활비는 289만 원인데, 이에 대한 준비는 64%에 그치는 것으로 조사됐다. 은퇴 후 예상 현금수입이 월 185만 원 수준이라는 설명이다. (후략)

▼ 1인당 생애주기별 수지(단위=만 원)

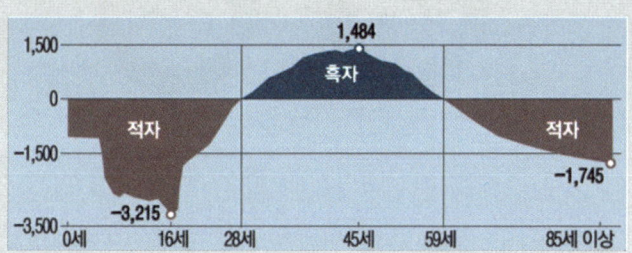

(출처: 통계청, 매일경제 2021.06.08.에서 재인용)

여기서 제시한 1인당 생애주기별 수지 그래프를 보면 태어나면서부터와 28세가 되기 전까지, 그리고 59세 이후는 버는 돈보다 나가는 돈이 많다. 어린 시절의 적자는 부모님이 메워준다지만 59세 이후의 적자는 28~59세의 내가 책임져야 한다.

그럼 흑자 시기라는 40대의 모습은 어떨까? 2021년 하나금융그룹에서 발표한 생애금융보고서는 소득과 일자리가 어느 정도 탄탄한 서울 및 4대 광역시 거주 40대 소득자를 조사한 자료다.

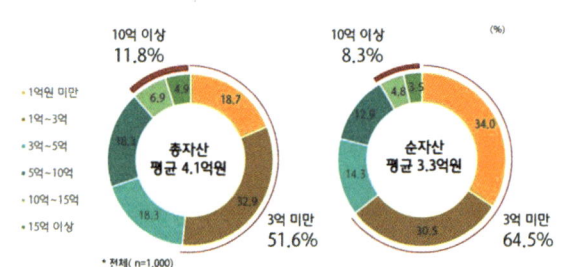

(출처 : 하나금융그룹 「2021생애금융보고서」)

이 보고서에 따르면 40대는 평균적으로 순자산은 3억3,000만 원, 부채 8,000만 원으로 총 4억1,000만 원의 자산을 갖고 있다. 순자산 10억 원 이상은 8.3%였는데 이는 통계청 「가계금융복지조사」의 전체 가구당 순자산 보유액 결과와도 흡사한 수치여서 40대의 자산이 이후 거의 유지된다는 가정을 할 수 있다.

이 보고서를 앞 기사와 비교하면 세 가지를 알 수 있다. 40대 평균 자산이 4억1,000만 원인데 60대 은퇴 시 은퇴 전 자산이 약 4억8,000만 원이라는 부분에서 40대까지의 자산 형성이 중요하다는 점, 그리고 부채 포함인 자산 4억8,000만 원으로 은퇴를 하니 예상보다 적은 금액으로 은퇴를 맞이한다는 점, 마지막으로 은퇴 후 자산이 약 3억6,000만 원으로 줄어들고 은퇴 후 소득이 연 2,700만 원 발생한다는 부분에서 현금흐름을 미리 준비하지 않으면 자산을 까먹으며 살아야 한다는 점이다.

이처럼 상상 속 은퇴자금 30억 원과 실제 자산 4억8,000만 원의 간극은 크다. 그렇기 때문에 가장 먼저 해야 할 일은 나만의 인생 기준을 세우는 것이다. 그 기준이란 나는 어떤 삶을 살고 싶고 어떤 가치를 우선순위에 두는지를 명확히 하는 것에서 출발한다. 앞으로 하나씩 계산해 보자.

회사 밖에서 살아남으려면 얼마가 필요할까

계산을 시작하기 전에 앞에서 '지금 은퇴한다면 어떻게 살고 싶은지' 상상하여 적어본 종이를 꺼낸다. 그리고 하나씩 내가 진짜 원하는 게 맞는지 검토해본다. 예를 들면 '머리 하얗게 된 부부가 한강변을 손잡고 산책한다'라면 한강변에 집이 있다는 걸 의미한다. 그리고 한강은 매우 길다. 강화에서도 흐르고 파주에서도 흐르며 서울을 지나 경기도 광주시까지도 흐른다. 바라는 게 정말 한강변인가? 한강이라면 무슨 이유 때문이며 구체적으로 어떤 지역이고 싶은가? 아니면 자연 속 산책이 좋은 거라면 한강이 아니어도 호수나 작은 천변이어도 괜찮은가? 그렇다면 내가 살고 싶은 곳은 어디이며 현재 집이 얼마 정도 하는가? 또 저 문장대로라면 머리가 하얗게 될 때까지 걸을 수 있게 건강해야겠고 부부 사이가 좋아야 한다. 건강과 화목이 내 인생의 우선순위가 맞는가?

또 다른 예를 들어 '바닷가나 한적한 시골마을에 내려가 예쁜 내 건물에서 카페를 하며 그림을 그리거나 글을 쓰거나 낚시를 한다'라고 한다면 지도를 보며 어느 바닷가, 어느 시골인지를 한번 찾아보는 것이 좋다. 그리고 시골생활에 대한 책을 다양하게 들춰보고 실제로 그 동네에 한 번 가본다. 지인은 진지하게 수도권 외곽에서 전원주택 생활을 준비했으나 배달음식이 오지 않는 모습에 포기했고 다른 지인은 정기적으로 병원을 다녀야 하는데 너무 불편해서 포기했다. 이렇게 상상과 실제가 다를 수 있다. 그다음으로 원하는 건물을 얼마에 살 수 있는지, 리모델링은 얼마나 드는 지를 조사해서 적어본다. 그리고 나서 카페에서 얼마나 수익이 나야 하는지, 카페에서 수익을 기대하지 않는다면 월 얼마 정도의 생활비가 필요한지를 계산해 본다.

이런 식으로 좁혀가다 보면 대체로 세 가지 모습으로 분류할 수 있다. 전제는 '회사 밖에서 살아남는다'이고 다음은 '일을 안 해도 풍족하게 사는 것 / 일을 안 하고 덜 쓰며 사는 것 / 회사는 안 다니지만 좋아하는 일을 통해 적당히 벌고 적당히 쓰며 사는 것'이다. 그렇다. 이건 흡사 전래동화에서 은전 두 닢을 주자 써버린 사람과 땅에 묻은 사람과 은전으로 맛난 거 사먹고 힘내서 일한 사람의 이야기 같다. 하지만 다행히 현실엔 정답이 없다. 나의 선택만이 존재할 뿐이다.

그중 첫 번째인 '일을 안 해도 풍족하게 사는 것'을 선택한 사람의 키워드는 '경제적 자유'다. 이를 위해서는 '풍족하다'의 주관적인 정의를 내려야 한다. 누군가는 자녀를 해외로 유학 보내고 호텔에서 브런치를 먹고 백화점에서 VIP 정도는 되어야 풍족하다고 느낄 수 있고 누군가는 자녀와 손자들에게 용돈을 챙겨줄 정도가 풍족일 수 있다. 반드시 나만의 '풍족' 기준을 정한 후에 이를 위해 월 얼마의 수입이 필요한지를 계산해본다.

  이 필요수입을 바탕으로 총 얼마를 어떤 방법으로 얼마의 수익률로 세팅할 것인지를, 시간을 충분히 들여 다양한 사례를 찾아 자신에게 적합한 방법을 정해 적어보는 것이다. 예를 들면 월 1,000만 원의 수입이 필요하다는 계산이 나왔다면 연간으로는 1억2,000만 원이다. 연 1억2,000만 원의 수입이 나오려면 총 30억 원을, 상가 월세로, 4%의 수익률로 세팅하면 가능하다. 대출을 이용해 수익률을 더 높일 수 있고 세금을 고려하면 더 낮을 수도 있기에 간단하게 계산해본다. 여기에 상가 인근 서울 33평 아파트에서 거주한다면 20억 원 정도를 가정해 총 순자산 50억 원이 필요하다는 결론이 나온다. 이 단계에서 옳고 그름이나 지금 내 처지에서 된다 안 된다를 판단할 필요 없다.

  두 번째인 '일을 안 하고 덜 쓰며 사는 것'을 선택한 사람의 키워드는 '미니멀 라이프'다. 이 키워드를 검색했을 때 단순히 짠테크가 아닌 내가 '선택'한 간결한 삶에 만족을 느끼는 사람들을 접할 수 있다. 이 또한 '덜 쓴다'의 주관적 정의를 내려야 한다. 누군가는 과소비하지 않는 정도를 지금보다 덜 쓴다고 느낄 수 있고 누군가는 일을 하지 않기 위해서라면 좀 더 감수할 수 있다고 다짐할 수 있다.

  과거 「SBS 스페셜」 '퇴사하겠습니다'(2017)에 출연해 주목을 받은 이나가

키 에미코라는 작가가 있다. 이 작가는 1인 가구로, 40세에 은퇴를 결심해 10년을 준비한 후 50세에 은퇴에 성공했다. 이 과정을 담은 『퇴사하겠습니다』라는 책이 베스트셀러가 되면서 퇴사 후의 삶을 담은 『그리고 생활은 계속된다』 등을 지속적으로 출간하고 있다. 이 작가는 은퇴 후 전기세까지 아끼기 위해 냉장고와 에어컨도 없앴다고 한다.

이처럼 나만의 '덜 쓴다' 기준을 정한 후에는 이를 바탕으로 월 얼마의 수입이 필요하고 총 얼마를 어떤 방법으로 얼마의 수익률로 세팅할 것인지를 적는다. 예를 들어 월 200만 원이면 충분하다는 생각이 든다면 연간 2,400만 원의 수입이 필요하다. 그럼 총 4억 8,000만 원을, 배당주로, 5%의 수익률로 세팅하고, 일을 안 해도 되니 도심에 있을 필요 없이 제주도에서 18평 2억 원의 집에서 생활한다면 순자산은 6억 8,000만 원이면 해결된다.

이처럼 회사 밖 생활을 준비하고 대비한다는 건 결국 현금흐름을 준비해 놓는 일이다. 그러려면 '얼마를, 어떻게, 얼마의 수익률로 세팅하느냐'와 '세팅할 돈을 어떻게 만드느냐'에 대해 나만의 답을 찾아야 하고 이는 내 성격, 내 성향에 따라 결정된다.

조기 은퇴 말고,
좋아하는 일 하며 조기 반퇴하기

세 번째인 '회사는 안 다니지만 좋아하는 일을 통해 적당히 벌고 적당히 쓰며 사는 것'의 장점은 준비해야 할 현금흐름의 부담을 상당히 덜어주어 역산 시 필요한 자산 규모 또한 절반 이상 줄일 수 있다는 점이다. 예를 들어 부부 둘이 살면서 월 450만 원 정도를 쓰고 싶다고 가정했을 때, 각자 좋아하는 일이나 아르바이트로 180만 원씩 360만 원을 벌어온다면 준비해야 할 현금흐름은 월 90만 원이다.

이를 역산하면 준비해야 할 금액은 2억2,000만 원이며 서울에 살 필요는 없지만 일자리는 가까운 인천에서 2억~3억 원 정도의 집에 산다면 4억~5억 원으로 은퇴가 가능하다. 노후에 병원비 등이 더 들어간다면 그만큼은 국가 연금으로 충당할 수 있고, 더이상 일을 못하게 될 경우에는 씀씀이를 반으로 줄이고 집을 담보로 주택연금을 받을 수 있다.

하지만 돈 말고도 더 큰 장점이 하나 더 있다. 바로 긴 인생의 무료함을 없애고 삶의 중요 양식인 성취감을 느낄 수 있다는 점이다. 2017년 8월 한국일보에서는 우리나라보다 일찍 고령화가 시작된 일본의 은퇴 현황에 대한 기사가 실렸다.

일본서 은퇴 후 주로 하는 건 '다시 취업'

(한국일보 2017.08.03.) 일본은 세계에서 가장 기대수명이 긴 나라인데다 이민은 거의 없고, 수십 년 낮은 출산율의 결과로 젊은 노동인구는 줄어들고 있다. 지난달 일본 정부는 2016년 출생자 수가 100만 명이 못 된다고 발표했다. 한 해의 출생 인구가 100만 명 미만인 것은 통계를 시작한 1899년 이후 처음 있는 일이다.

은퇴하는 베이비부머들로 연금 시스템에 부담이 작용하면서 정부는 연금수령 나이를 상향조정하지 않을 수 없게 되었다. 미국을 비롯, 노동인구가 고령화하는 선진국들이 곧 맞게 될 미래의 모습을 일본이 보여주고 있는지도 모른다.

도쿄의 게이오대학 노동경제학 전문가인 세이케 아추시 교수는 말한다. "40년 직업 경력이 평균수명의 절반에 불과한 시점에 다다르고 있습니다. 사람들을 너무 이른 나이부터 활동을 접게 하는 것은 지속 불가능하지요."

실업률이 낮은데도 임금이 거의 오르지 않고 제자리걸음인 것 역시 부분적으로는 나이든 근로자들 때문이다. 나이든 직원들은 일반적으로 경력 최정상에 있을 때에 비해 훨씬 적은 보수를 받고 일을 하고 있다. 그로 인해 젊은층과 중년층의 임금인상분이 상쇄된다. "돈

> 은 별 게 아니에요. 하지만 할 일이 있는 것이 중요하지요." 일이 없는 날 그는 바둑으로 소일을 하고, 생활비는 부동산 투자로 번 돈으로 충당한다. (후략)

살펴보면 더 이상 돈을 벌지 않아도 되는 사람들도 일을 계속 하고 있다. 실제로 그런 사람들을 만나서 이야기를 들어보면 수입에 대한 압박이 없어지면 일 자체의 즐거움을 느낄 수 있다고 한다. 심부름을 도와준 아이에게 심부름값을 줄 경우 시간이 지나면 돈을 주지 않으면 심부름을 하려고 하지 않지만, 심부름값을 주지 않는 아이는 부모님을 도와준다는 보람으로 심부름을 지속하는 것과 마찬가지다.

『상식 밖의 경제학』,『부의 감각』등으로 유명한 듀크대학교 교수 댄 애리얼리의 반도체공장 실험에도 이런 사람의 심리가 잘 드러난다. 댄 애리얼리는 한 반도체공장을 찾아가 직원들을 세 개 그룹으로 나눈 후 첫 번째 그룹에는 생산실적에 따라 돈을, 두 번째 그룹에는 생산실적에 따라 피자 선물을, 세 번째 그룹에는 생산실적에 따른 상사의 격려와 칭찬을 지급했다. 사람들은 돈을 받는 그룹이 성과가 더 향상될 것이라 예측했지만 결과는 전혀 그렇지 않았다. 시간이 지날수록 돈이 제일 생산성이 떨어졌으며 다음으로는 선물이었다. 유일하게 생산성이 향상된 그룹은 격려와 칭찬을 받은 그룹이었다고 한다.

거기에 집에서 노는 것도 하루 이틀이지, 시간이 지나면 아이의 성적에서 대리 성취감을 얻으려 한다거나 명품매장에서 셀러에게 가방을 받기 위한 나만의 챌린지에 도전한다거나 비슷한 그룹을 찾아 활동을 한다거나 하는 유사 사회활동을 하고 있다. 진부할 수 있지만 아리스토텔레스와 세네카의 표현대로 인간은 사회적 동물이기 때문이다.

그렇기 때문에 현재 많은 수입만을 목적으로 싫어하는 일을 해서 지속성을 잃는 것보다, 일을 아예 하지 않아 삶이 무료해지는 것보다 내가 좋아하는 일을 해서 적당히 벌어 적당히 행복한 균형점을 찾아서 유지하는 것이 중요하다. 또 '회사 밖에 나가면 그때 시작해야지'라는 안이한 마음보다 해당 분야의 취미나 부업을 지금부터 작게 병행하면서 수입을 내보는 경험을 미리 하고 은퇴 후를 위한 브랜딩을 준비해놓기를 추천한다.

나는 어떤 일을
좋아하는 것일까

좋아하는 일을 평생 하기로 마음먹었다면 준비해야 할 것은 돈보다 나에 대한 투자가 먼저다. 책 『진지하게 회사 빼고 다 재미있습니다만』의 저자는 본업은 마케터지만 회사 밖에서 직접 시도했던 다양한 부수입 이야기를 들려준다. 집의 방 하나를 에어비앤비로 놓기도 하고, 후배들 상담을 해주다가 대학생 취업특강을 시작해 월 70만~80만 원의 수입이 생기기도 한다. 아내도 퇴사 후 한국어 강의를 한다. 흥미로운 점은 하나의 점을 찍듯 조금씩 실행했던 취업상담, 브런치 연재 등이 선으로 이어져서 출간도 하고 유튜브도 운영하게 되었다는 것이다. 또 노후대비로 취미를 발전시켜 휴가기간마다 짬짬이 스포츠심판 자격증을 다섯 개 종목에서 취득했다는 점이다. 계절별로 돌아가며 꾸준한 수입을 만들기 위해 종목별로 이수했다고 한다.

    이처럼 세상에는 다양한 방법이 있고 다양한 인생이 있다. 일 또한 계속

한다고 해도 정형화된 방법만 있는 건 아니다. 책 『나는 매일 매일 부자로 산다』에서는 내 시간이 가장 많이 들어가는 근로소득부터 시간이 거의 안 들어가는 불로소득까지 단계별로 설명하고 있어 자신에게 맞는 일이나 새롭게 시도해볼 만한 일이 무엇인지 탐색해보기 좋다.

▼ 소득의 다양한 유형

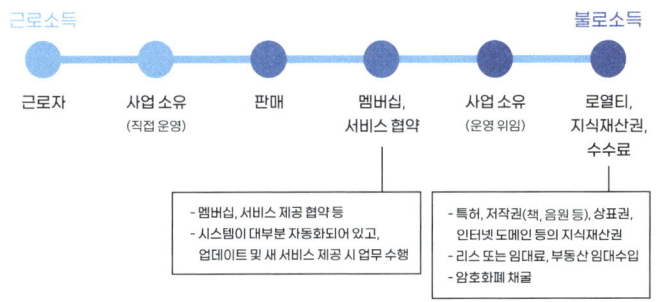

(출처 : 닉 할릭, 개릿 군더슨, 『나는 매일매일 부자로 산다』에서 재편집)

나도 출산과 육아로 경력단절여성이 된 후 무엇을 할 수 있나 꽤 많은 시간을 들여 찾아보고 시도해 봤으며 현재도 진행중이다. 그때 세운 좋아하는 일을 찾기의 전제는 이렇다.

1) 나는 지금 제로(0)다. 저 사람이 할 수 있다면 나도 할 수 있다.

아무것도 모르는 고딩과 돈 버는 직딩의 사이에는 대딩이었던 4년뿐이다.

지금부터 시작하면 최대 4년 뒤에는 밥벌이가 가능할 것이다.

2) 잘하는 사람이 성공하는 게 아니다. 언제나 세상에는 다양한 시도를 하는 사람들이 있었고 뜨고 안 뜨고는 시대가 선택한다.
→ 다양하고 꾸준한 시도로 확률을 높인다.

3) 중박·소박을 기준으로 계산하고 대박은 보너스. 극단의 사례들만 보면서 그렇게 되길 바라거나, 그렇게 되지 않는다고 쉽게 포기하지 않는다.

4) 유튜브, 책 등으로 사례 수집 시 옳고 그름을 판단하지 않는다.
실제로 가능한가, 내가 할 수 있는가만 판단한다.

실제로 내가 처음 블로그를 시작한 건 2014년 11월이고 첫 단독 책이 나온 건 2019년 3월이니 약 4년의 시간이 걸렸다. 대학을 다시 다닌다는 생각을 갖고 시간을 넉넉하게 잡아 이런저런 시도를 했더니 단기간에 결과가 나오지 않는 것에 큰 스트레스를 받지 않을 수 있었다. 떠올려보면 신입생부터 졸업 후 나는 뭘 할 거라 명확하게 결정한 사람은 드물다. 간혹 존재하는 천재와 나를 비교할 필요는 전혀 없다는 걸 아는 나이라는 게 열아홉 살 때의 나보다 나은 점이다.

당시 내가 어떤 일을 할 수 있나 사례들을 찾아 강의나 책, 일대일 상담

등을 하며 로드맵을 그려보려 애썼다. 실제로 겪어보니 과장한 이야기는 도움이 되지 않았고 다소 다듬어지지 않았더라도 리얼한 이야기가 리스크를 계산해보고 시도할 수 있어서 좋았다. 그때 기록한 직업이 있다. 참고로, 해당 직업에 대한 일반적인 이야기가 아니라 개별성이 강하다는 걸 미리 말씀드린다.

[수집사례①] 소설가 A님

- 활동기간 : 10년
- 월수입 : 약 400만 원
- 장르소설(미스터리, 추리물 등) 작가. 초반엔 단편으로 시작해서 잡지에 연재도 하고 단편을 묶어 책이 나옴. 장르소설은 작가 풀이 좁고 마니아 독자가 있어 한 분야의 글을 꾸준히 쓰자 그들 사이에서 인지도가 생겼음. 연봉 정도를 벌게 된 건 데뷔 후 7~10년 정도. 그 사이 시간은 아내와 맞벌이. 단편 하나씩 영화화·드라마화 판권을 판매하여 목돈이 들어오고(제작사가 실제로 제작하지 않더라도 다른 회사에 빼앗기지 않기 위해 계약을 많이 해둔다고 함) 작법강의로 현금흐름을 만들었다고 함. 현재 웹 소설로 전향하여 소득 상승.

[수집사례②] 자기계발 모임 운영자 B님

- 활동기간 : 3년
- 월수입 : 약 300만 원

- 한 분야의 소모임(1~10명 참여)을 여러 개 운영. 처음엔 그 분야가 좋아서 취미로 시작했고 회사와 병행하며 퇴근 후와 주말을 활용했으나 3년이 지나자 월급보다 수입이 많아져서 퇴사. 모임 운영법에 대한 강의로 추가 수입.

→ 이 사례는 한 명이 아니라 꽤 많이 만날 수 있었다. 온라인과 단톡방을 결합하면 월 1,000만~2,000만 원까지도 무난하게 벌 수 있다는 걸 목격했다. 예를 들어 이 책에 쓴 내용처럼 은퇴 후 미래를 그려보고 필요금액을 계산해보고 준비해야 할 항목들을 작성하는 소모임을 세 시간에 5만 원을 받고 운영한다면 한 달에 60명이 들으면 월 300만 원 수입이 가능하다. (월 200만~300만 원을 기준으로 하는 건 자체적으로 설문조사를 했을 때 지금 다니는 회사를 그만둘 때 확보되었으면 하는 최소 금액이었기 때문이다. 차비도, 점심값도, '시발비용'도 거의 들지 않기 때문에 대부분 큰 수입을 기대하지 않았다.)

한 달에 60명이면 한 주에 열다섯 명씩, 일주일에 한 번씩 세 시간, 4주 즉 4번을 운영하면 달성 가능하다. 그러면 '나는 일주일에 세 시간 일하고 월급 번다'로 홍보를 하고 다음 소모임을 모집한다. 이게 누적되면 매주 여러 개를 운영할 수 있게 된다. 어차피 내가 일찍 일어나야 한다면 새벽기상 인증 단톡방을, 일찍 일어나서 어차피 책을 읽으려고 했다면 온라인으로 주1회 새벽 독서반 모임을 월화수목금 따로 다섯 개 운영할 수 있다. 그럼 새벽 시간에만 여섯 개의 자기계발 모임을 운영하는 셈이고 주중 낮, 밤이나 주말에는 비전보드 만들기, 바인더 작성하기 등을 더 추가할 수 있다.

→ 이 종목의 특이점은 나만의 콘텐츠가 없어도 상관없다는 것이다. 다른 책, 다른

콘텐츠라도 수요만 있으면 운영이 가능하다. 그 수요는 창출하기 나름이다. 여러 책들을 엮어 큐레이션 하는 능력으로 만들 수도 있고 나에 대한 환상을 심어주어 다가오고 싶게 만들 수도 있다. 돈과 관련된 강의나 모임은 더 비싸고 모여 있는 사람들에게 일대일 만남 기회를 주면 더 비싸다. 관찰 결과 가장 빠른 방법은 이미 사람들이 모여 있고 기반이 다져져 있는 커뮤니티에 들어가서 활동하는 것이다.

[수집사례③] 멤버십 운영자 C님

- 활동기간 : 7년

- 월수입 : 약 2,000만 원

- 단톡방, 밴드, 텔레그램 등을 통해 1,000명에게 한 사람당 월 5만 원을 받고 멤버십 서비스를 운영. 멤버십 가입자에게만 제공되는 정보나 강의가 핵심. 예를 들어 온라인 강의나 톡강의를 이틀에 한 번씩 월 15회를 제공하고 강사에게 한 번에 200만 원씩을 지급한다고 해도 5,000만 원에서 강사료 3,000만 원을 빼면 나에게 월 2,000만 원의 수익이 생김. 실제로는 주 1~2회 강의가 이루어지므로 수익은 더 높고, 강사료를 지급하기보다 홍보를 위해 무료로 강의하는 사람을 섭외하거나 서로 다른 운영자들끼리 서로 품앗이로 해주는 경우가 자주 있음. 운영자가 다양한 활동으로 집객력을 높이는 것이 핵심. 비슷한 사례로는 유료 레포트, 유료 방송, 유료 매거진 등을 월 1만 원 정도의 저렴한 가격으로 제공하고 1,000명을 유치해 월 1,000만 원의 수입을 확보.

[수집사례④] 배당주 투자자 D님

- 활동기간 : 8년

- 월 수입 : 약 300만 원

- 8년 동안 절약, 저축, 투자로 3억 5,000만 원 마련. 1억 5,000만 원 대출 받아 5억 원으로 배당주를 사서 대출이자 제외하고 월 300만 원 수입 세팅. 월급은 전액 저축하고 생활비는 대학 때부터 썼던 레포트나 각종 영화감상 등의 글을 레포트 사이트에 올려 그 수익으로 충당. 하지만 급등 시기에 흔들려 급등락이 적은 배당주를 빼서 다시 직접투자를 했다가 큰 손실을 봄.

[수집사례⑤] 경매투자자 겸 강사 E님

- 활동기간 : 3년

- 월수입 : 약 400만 원

- 처음 경매를 배워 2년간 소액경매 30채 정도 낙찰 후 무피투자로 세팅. 예를 들어 지방이나 수도권 외곽에 1억 원짜리 빌라나 오피스텔 등을 낙찰받아 경락잔금대출 8,000만 원을 받고 월세보증금 2,000만 원을 받아 내 돈이 안 들어가게 세팅. 월세 25만 원을 받으면 대출이자 20만 원을 내고 5만 원을 남기는 작업이라 최소 30~50채는 해야 월급 정도의 현금흐름 발생.

단점은 일반 물건이나 아파트는 낙찰가과 매매가가 차이가 거의 없고 각종 세금과 수리비를 내면 수익률이 급감. 또 집값이 하락하면 당장 월세를 받는 게 집값을 빼먹는 격이 될 수 있음. 장점은 '2년 30채 부자'로 책을 쓰고 강의를 해서 월세보다 높은 부수입 창출 가능. 비슷한 다른 사례로는 직업상 사택이 제공되어 신혼집 마련할 돈 2억 원으로 20채 지방에 전세갭투자를 해놓은 F님. 이후 사택은 회수되었고 시세상승분은 거의 없으며 채 수가 많아 매도가 어려웠지만, 사택 제공 부분을 밝히지 않고 '20채 젊은 부자'가 되었다는 내용으로 책을 내고 활동을 할 수 있었음.

[수집사례⑥] 저자 및 강사 G님

- 활동기간 : 2년

- 월 수입 : 일정하지 않음

- 우리나라 출판사는 약 2만여 개. 초고로 A4용지 100장을 완성 후 투고하면 출판사 입장에서는 리스크가 거의 없기 때문에 1인출판사 한두 군데 정도는 반드시 연락이 옴. 몇백만 원에서 1,000만 원 정도의 돈을 지불하는 책쓰기 수업을 들으면 대체로 강사가 출판사를 끼고 있고 수강생들끼리 서로 팔아주므로 더 빨리 가능함. 실제 많이 팔리지 않아도 상관없고 심지어 출간이 되지 않아도 상관없이 출판사와 계약을 한 것만으로도 유튜브나 책 쓰기 강의, 독서모임 운영. 책쓰기 강의 같은 경우 1인당 100만~400만 원씩 열 명, 석 달에 한 번씩 모집하면 일 년에 네 번이라 최소 4,000만 원부터 억대 수입. 모집 시 지원서를 받아 잘될 것 같은 사람들 선발하고 나중에 그 수강생이 잘될 경우 내 덕분이라며 홍보 가능. 수강생이 책을 내고 홍보할 곳이 필요할 때 강의를 열어주고 100만 원을 받아 추가 수입.

[수집사례⑦] 블로그 애드포스트 및 체험단 활동자들

- 활동기간 : 1년

- 월 수입 : 일정하지 않음

- 네이버 로직에 대해 정확히 밝혀진 게 없음. 몇몇 분을 만나보니 일 방문자수 3만~4만 명 정도면 약 애드포스트 100만~200만 원 정도이고 인플루언서가 되면 단가가 달라지는 것으로 추정. 구글 티스토리 등과 병행하거나 원고료를 받는 광고를 겸하는 사람이 대다수. 이웃이 적더라도 체험단을 하면 생활비를 아낄 수 있고 광고로 인해 유입이 다소 늘어나기도 함. 월 300만~400만 원 정도의 혜택을 받으면 직접적인 돈을 받는 게 아니어도 블로그 강의 오픈 가능. 단점은 네이버 로직이 바뀌면 조회수가 갑자기 떨어지고, 지루해서 금방 그만두는 사람이 많아 적성에 맞아야 함.

[수집사례⑧] 유튜버

- 주변 유튜브 운영자 이야기와 수익 영상들 참고함.

- 구독자 수보다 일명 알고리즘에 의해 '떡상'하여 들어오는 클릭수가 중요. 하나의 주제로 지속하는 게 좋고 구독자 수 1만 명 달성은 6개월에서 2년 정도 소요되는 듯. 중간에 떡상 영상이 나왔을 경우 광고수입은 월 100만~300만 정도이고 꾸준히 영상을 올리지 않으면 노출에 불리하여 다시 하락. 1만 명 구독자가 있더라도 광고수입이 월 100만 원 이하 유튜버가 많고, 별도의 광고가 들어올 만한 분야가 유리.

[수집사례⑨] 현재 회사 다니며 자격증 취득하기

- 일상적이어서 잊고 있지만 이미 내가 가장 잘하고 좋아하는 일을 하고 있는 것일 수도 있음. 지금의 일을 위해 학교에서 공부하고 신입시절부터 경험을 쌓았으니 지금 해당 분야에 실력이 있다면 회사에 다니면서 퇴사 후에도 관련 직종에서 프리랜서로 일할 수 있을 만한 자격증을 취득하거나 스킬 습득 가능. 디지털 노마드가 일견 근사해 보일 수 있지만 어디서나 일할 수 있는 사람은 어디서나 일해야 하는 사람일 수도 있음. 회사에 억지로 다닌다는 마인드는 버리고 내 파이프라인 중 하나가 회사이며 나를 업데이트 해주는 도구로 업무를 이용한다고 생각하길.

더 많은 직업이 있겠지만 내가 알아봤던 분야는 이 정도다. 무인창업도 친구와 일 년 정도 상세한 수익과 종목에 대해 알아봤지만 나의 기준에 맞지 않는다는 판단이 들어 시작하지 않았다. 평소 하고 싶었던 일이 있다면 직접 만나보고 미래와 거기까지 가는 과정을 그려보길 추천한다.

언제나 1순위는
나와 가족의 행복

나와 남편이 결혼한 2010년 겨울은 한창 경제적으로도 한파인 시기였다. 모든 돈을 탈탈 털어 결혼식을 하고 나니 1억 원이 안 되는데 대출도 껴있는 인천의 복도식 17평 아파트 저층의 신혼집뿐이었다. 여의도 직장 동료들 사이에서는 부족하다는 소리가 나올 수 있었지만 인천 달동네에서 자란 내 주변사람들을 보면 나쁘지 않다고 생각했다. 애초에 둘이 단칸방 월세에서 시작할 생각이었고 집이나 돈과 상관없이 가족이 화목하게 살고 있는 사람을 많이 만났기 때문이다. 오히려 나이를 먹으면서 사람들이 겪어보지 못한 가난에 대해 지나친 공포를 갖고 있음을 깨닫게 되어 웃음이 나왔다. 그렇다면 공포가 없는 나는 또 하나의 무기를 가진 셈이라는 생각이 들었다.

29살 동갑내기 부부의 목표는 단 하나였다. 불안정한 사회에서 평범하게 사는 것. 가장 큰 걸림돌은 일찍 잘릴 수 있는 회사였다. 그래서 우리는 목표를 세웠다.

▼ 목표 설정의 과정

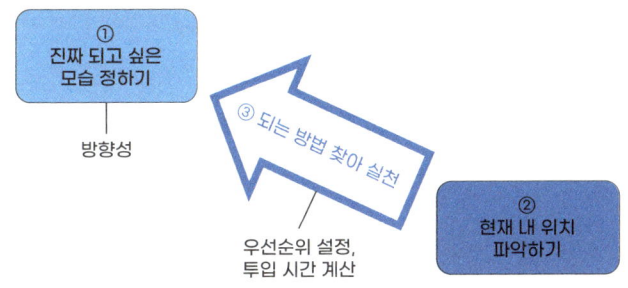

진짜 되고 싶은 모습은 평범하게 사는 것, 평범하다는 건 따뜻한 내 집에서 먹고 싶은 걸 먹으면서 아이를 키우는 것. 따뜻한 내 집은 어떤 집일까. 동네 친구랑 결혼한 덕분에 친정과 시댁이 모두 인천에 있으니 인천, 청소하기 싫으니 넓지 않은 20평대. 찾아보니 3억 원이면 되겠구나.

아이를 낳으려면 무엇을 얼마나 준비해야 할까. 병원비, 조리원비, 기타 물품구입비, 출산 1년간 들어갈 예방접종비 등을 고려하면 300만~600만 원. 무엇보다 준비해야 할 건 출산과 육아휴직으로 내가 일을 못할 경우 남편의 월급이 300만 원은 되어야 우리 살림과 저축이 유지되겠구나. 그렇다면 남편의 연봉상승률을 고려해서 2년 후에 낳자.

만약 개발자인 남편이 40대 초중반에 잘리더라도 먹고 싶은 걸 먹으려면 얼마가 있어야 할까. 가계부를 점검해보니 우리는 대출 없고 더이상 저축하지 않아도 된다면 월 200만 원이면 되겠다. 레버리지를 활용하여 6% 수익률을 달성한다고 생각하면 역산해보니 4억 원이 필요하겠구나. 하지만 이건 최소한의 수입일 뿐 아이가 태어나면 돈이 더 필요할 거야. 그때 남편도 나도 젊으니 나가서 무슨 일이든 해서 월 200만 원씩만 벌어온다면 총 600만 원의 수입이니 충분하겠지. 더이상 일 못 하고 병원비가 나가는 노후를 대비해서 연금 1억 원을 예비로 넣어놓는다면 집값 3억 원, 현금흐름용 자본금 4억 원, 노후준비금 1억 원으로 총 8억 원이면 원하는 평범한 인생을 살 수 있겠구나.

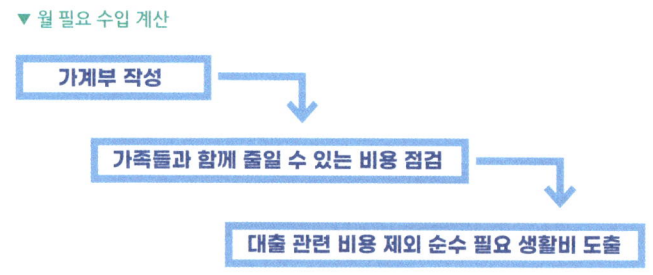

▼ 월 필요 수입 계산

가계부 작성

가족들과 함께 줄일 수 있는 비용 점검

대출 관련 비용 제외 순수 필요 생활비 도출

이런 계산 과정을 거쳐 직장을 잃을 가능성이 가장 높은 45살까지 8억 원을 만들기로 했다. 그리고 목표달성을 위해 남편은 월급을 책임지고 나는 재테크와 출산, 육아를 담당하기로 역할을 분담했다. 그리고 매일, 월급으로는 도저히 계산이 안 나오는 8억 원을 만들기 위해 이런저런 방법을 모색해보고 실천해 봤다. 24시간과 기력이 한정되어 있으므로 자연스럽게 우선순위를 정해 될 것 같은 것부터, 내 가치관에 맞는 것부터 시간이 얼마나 들어가는지 계산해 하나씩 해보고 우선순위에서 밀린 일은 빠르게 포기했다.

그리고 2019년, 목표는 조기달성되었고 이후 (예상보다 훨씬) 더 부풀어지기도 하고 다시 쪼그라들기도 하지만 처음 정한대로 신경쓰지 않고 있다. 돈은 우리 인생을 위한 도구일 뿐이기 때문이다. 집에 망치가 없어 불편해 망치를 샀으면 거기서 끝내야지 옆집 누가 더 좋은 망치를 샀는지, 우리 집 망치가 지금 팔면 얼마인지 온 신경을 집중해서 살필 필요가 전혀 없다. 망치를 마련했으니 이제 우리는 불편함에 대한 걱정은 그만하고 그 시간에 우리가 각자 하고 싶은 일을 하기로 했다. 다음 약속은 각자 무슨 일을 하든 월 200만 원씩 벌어오기. 기왕 돈 걱정 없이 최저시급만 받아도 된다면 좋아하는 일을 하기로 한 것이다.

코로나 시대를 거치면서 8억 원이 너무나 작은 돈이라는 인식이 팽배해졌지만 12년이 지난 지금도 순자산 8억 원이 있다면 충분히 먹고 싶을 때 먹는 인생을 살 수 있다. 은퇴 시 평균자산이라는 4억 원만 있어도, 둘만 살 테니 평수를 줄이거나 꼭 아파트만을 고집하지 않거나 거주지역을 바꾸면 집은 대출을 활용해 1억 원으로 해결할 수 있고 3억 원은 현금흐름 창출용으로 쓰고 노후연금은 따로 가입하지 않고 국가 연금과 함께 집을 담보로 역모기지론을 받을 수 있다.

4억 원이라면 부부가 30대, 40대, 50대 총 30년을 함께 준비한다면 무리인 금액이 아니다. 단순히 1년에 1,330만 원, 월 111만 원을 꾸준히 저축하거나 집 대출을 갚아도 달성 가능하다. 그 사이 살고 있던 집값도 오르고 월급도 연차에 맞게 올라 물가상승을 방어할 수 있다.

문제는 돈이 아니었다. 목표자산을 30대 후반에 달성한 후 문제는 남은 40년이라는 긴 시간이었다. 확실히 생존에 필요한 건 내 집, 약간의 현금흐름, 살면서 사이클이 다시 온다면 올라탈 준비였다. 하지만 인생에 필요한 건 나만의 일과 나만의 취미로 인생을 기쁨의 시간이라는 벽돌로 채워나가는 일이다.

그리고 이 모든 준비는 결국 단 하나의 점을 향하고 있었다. 나와 가족의 건강과 화목과 행복. 북극성처럼 망망대해에서 방향을 잃을 때마다 길잡이를 해주는 게 이 10여 년 전에 세웠던 '진짜 되고 싶은 모습'이자 인생의 방향성이었다. 효과를 톡톡히 본 나로서는 다른 사람에게도 내면의 나와 끊임없이 솔직하게 대화하며 미래의 모습을 한 번쯤 세워보길 권하고 싶다.

5장

적당히 잘살기 위한 2단계 '내 집 마련'

내 집 마련이
필요한 이유

난 외벌이 월 300만 원의 수입이 있는 가정을 꾸리고 있는 평범한 주부로서 경제적 목표가 있었다. 바로 평범하게 사는 것. 하지만 의외로 평범하게 사는 것도 쉽지 않았다. 다들 열심히 살기 때문에 그중에서 중간을 하려면 상당히 노력해야 하기 때문이다.

현실적인 롤모델을 찾고 싶었지만 평범한 사람들은 책을 쓰지 않거나 강의를 하지 않았다. 목표는 40등이 20등 하는 건데 성공기는 1등 것밖에 없고, 그렇게 독하게 안 하면 성공 못 할 것만 같고, 그런데 그렇게까지 하면서 살고 싶진 않고. 그러다가 2008년도에 나온 『자동으로 부자 되기』라는 책의 앞부분에 한 부부 이야기가 나온 것을 발견했다.

그 부부는 20대에 결혼했고 재테크에도 관심 없고 연봉도 4,000만 원을 넘어본 적이 없다고 한다. 저렴한 집을 장만한 후 15년 동안 일하고 저축해서 집 대출금을 갚고 나니 40대 초반. 그래서 첫 집을 담보로 다시 대출을 받아 전세 끼고 집 한 채를 더 구입한다. 그 대출 또한 다 갚고 나니 50대 초반, 집 두 채 소유에 더 이상 부채 없음.

그 사이 처음 마련했던 실거주 집값이 4억 원대로 상승, 두 번째 매입한 집은 3억 원대로 상승. 월급의 10%는 없다고 생각하고 매월 개인연금을 부어 퇴직연금, 개인연금, 국민연금으로 노후생활비 일부 마련했다고 한다.

2010년에 결혼한 나는 당시 이 책을 보고 '오, 이거 소심한 나도 할 수 있겠는데?' 싶었다. 보통 사람들 목표는 이런 거 아닐까? 막 100채를 샀다 팔았다 하고 강남 사는 게 아니라 월 200만 원만 어디서 뚝 떨어지면 좋겠다, 누가 월 200만 원만 주면 백수로 지내고 싶다, 이런.

10여 년이 지난 지금은 물가가 올라서 저 집값에서 1.5 또는 2를 곱해야 할 것이다. 하지만 인천이나 수도권 외 지역에서는 여전히 적당한 금액이다. 꼭 서울에 살아야겠다 싶으면 2.5 또는 3을 곱해야 한다. 그렇지만 맞벌이로 수입을 늘린다면 불가능한 금액은 아니다. 이런 관점으로 주위를 둘러보니 롤모델은 책이 아닌 주위에 생생하게 있었다.

① 젊었을 때 단독주택으로 내 집 마련함. 사는 곳 외 남은 방에서 나오는 월세로 생활비. 남편 월급은 남편 용돈을 제외하고 전부 모아서 오피스텔 투자. 70대인 지금도 월세를 받고 있으며 남편도 적게 벌지라도 일을 계속하고 있다. 할머니도 소일거리 삼아 하루 두 시간씩 맞벌이 부부의 아이를 봐주는 일을 하고 있다. 나와도 놀이터에서 만남.

② 다른 70대 할머니 한 분은 2년 전 남편이 돌아가시고 혼자가 되었다. 낡았지만 깨끗하게 내부수리된 인천 빌라에 친구분들과 모여 살면서, 바로 옆 다른 빌라 하나에서 20~30만 원 정도 월세를 받는다. 살고 있는 빌라는 재개발 이야기가 나오는 곳이라 주인이 나가라는 말이 없는 상태로 1억 원이 안되는 금액에 20년째 거주 중이다. 나라에서 연금 받는 것과 월세를 합치면 혼자 살기 부족함이 없다. 집 앞 식당에서 점심·저녁 식사를 해결하며 친목계원들과 모임, 소소한 여행을 다니면서 살고 있다.

③ 정년퇴직까지 일하며 대출을 모두 갚아 인천에 대출 없는 아파트 소유. 정년퇴직 후 자격증을 따 작은 곳으로 재취업해 10년간 일을 더 했고 연금도 받는다. 대출 없는 아파트를 발판으로 60대 중반에 재개발 빌라를 매입하여 새 아파트에 입주, 그 사이 새 아파트 값은 두 배가 되었다. 자녀들이 모두 장성해 부부 생활비는 얼마 들지 않는다. 지금은 교회 사람들과 부부동반으로 여행을 다니며 부족함 없이 생활한다.

④ 맞벌이 중 출산으로 육아휴직을 하게 됐으며 그 기간 중에 지금이 부동산 상승기라는 것을 알게 됨. 매매가와 전세가가 거의 차이가 없어 전세에 거주하면서 그동안 모아둔 돈으로 집 세 채 구입. 이후 복직하여 대출을 줄였으며 각 상승분을 모두 합해 똘똘한 집 한 채 마련.

⑤ 결혼할 때 내 집 마련한 후 맞벌이와 절약·저축으로 대출을 절반 정도 상환. 임신으로 조금 더 넓은 집이 필요해졌고 상승기 초입에 분양권에 당첨됨. 이후 살던 집이 상승해 새 아파트 입주 때 대출을 받을 필요가 없어졌고, 새 아파트도 가격도 상승하여 자산이 세 배로 늘었다.

이를 통해 장기적으로 봤을 때 대출 없는 내 집 하나만 있으면 어떻게든 살아진다는 걸 알 수 있었다. 노후에는 집과 함께 약간의 월세 또는 연금이 있다면 금상첨화. 종합해서 내가 내린 일반 서민들의 가장 간단한 자산 형성 방법은 이것이다.

절약 저축으로 종잣돈 마련
→ 종잣돈을 바탕으로 대출 받아 내 집 마련
→ 젊을 때 일해서 대출 상환 (+ 그 시간 동안 재테크 공부)
→ 살면서 부동산 상승기를 맞게 되면 대출 적은 실거주집을 담보로 추가대출을 받아 무리 없이 집 채수 늘리기 또는 상급지 갈아타기
→ 상승기가 지나면 다시 일해서 대출 상환에 몰두
→ 20~50대 사이에 이 사이클 두 번 반복

집을 꼭 사야 하느냐는 질문에 대한 나의 결론은 "무리하지 않는 선에서 사는 게 낫다"다. 사는 곳의 안정, 인플레이션 헤지, 넥스트 스텝의 발판이

될 수 있다.

그리고 제일 중요한 이유는 '삶의 주도권을 갖기 위해서'다. 나는 결혼하면서 남편과 5년 뒤, 10년 뒤, 15년 뒤 등 미래에 대해 목표를 세웠다. 다음에 이사 갈 집과 시기도 미리 정했고 계속 지켜본 덕분에 좋은 가격에 살 수 있었다. 이사갈 집값이 올라도 내 집값도 오르고 내 집값이 떨어져도 이사갈 집값도 떨어지니 임신과 저축액, 이사갈 시기, 위치 등을 내가 원하는 타이밍에 정할 수 있었다.

하지만 전세 사는 친구는 전세가 얼마나 오르고 내릴지 모르니 저축액이며 종잣돈 활용 등을 스스로 결정할 수가 없었다. 일단 무조건 모으고도 혹시나 돈이 모자를까 걱정했으며 운 좋게 돈을 맞춰도 주인집 아들이 들어온다고 해서 이사해야 했던 친구도 있었다.

또 현금흐름 측면에서도 더 낫다. 나는 9,000만 원을 대출받아서 집을 샀다. 대출금은 남편 퇴직 예상시기인 15년 동안 상환하기로 했고 월 60만 원 가량이 나갔다. 반면 8,000만 원을 대출받아 전세에 사는 친구는 월이자 20만 원을 냈다. 그리고 2년 뒤 대출 연장 시 20%인 1,600만원을 납부해야 하므로 월 70만 원을 모았다. 그리고 2년 뒤 전세 상승을 대비해 월 100만 원을 또 따로 모았다. 집에만 거의 월 200만 원이 들어갔던 셈이다. 문제는 2년 뒤 전세가 5,000만 원 상승해 모은 걸로도 모자라 대출을 더 받았으며, 20% 납부를 못했기에 이자율도 상승했다.

전세가 떨어지면? 보통 입주물량이 많은 곳이 전월세 가격이 흔들리는 걸 볼 수 있다. 하지만 그 시기는 곧 지나가기 때문에 다시 오를까봐 불안해서 세입자 입장에서는 여전히 그 돈은 못 쓰게 된다. 올려준 전세금은 결국 내 자산이라고 하지만 전세금만큼 집값도 올랐고 올려준 전세금은 주인의 자산이나 마찬가지다. 이제 그 돈으로 다른 집 전세나 매매를 구할 때 현실을 체감하게 된다. 만약 집값이 오르지 않는 시기라면 집을 사려는 사람보다 전세를 선호하는 사람들이 늘어나기 때문에 전세가격은 또 상승할 수 있다. 거주에 신경을 곤두세우고 살기보다 내 집 마련을 해놓고 그 기력과 시간을 수입 확대에 쏟는 것이 더 나은 선택일 수 있는 것이다.

집값이 곧 폭락할 거라 안 산다는 친구가 있다. 그 친구에게는 집값이 폭락하면 넌 전세금을 돌려받기 위해 소송을 통해 집을 경매로 넘겨야 할 것이고, 그러면 전세금을 다 못 받을 각오를 해야 한다고 말해줬다. 주인은 매매가와 전세가의 차이만 날리지만 넌 몇천만 원을 날릴 수도 있다는 이야기도 해줬다.

실거주집을 사는 건 옷을 사는 일과 비슷한 느낌이다. 무작정 유행하는 옷을 산다거나 유명한 사람이 입었을 때 예쁜 옷을 따라 사도 나에게는 어울리지 않는 옷일 가능성이 있다. 먼저 내 체형과 나에게 어울리는 게 무엇인지를 파악하는 것이 우선이다. 집도 상승기, 하락기 같은 유행(흐름)을 초보가 점치기 전에 내가 가진 자산, 갚을 능력을 먼저 파악해서 나에게 맞는 집을 사는 것이 좋을 듯싶다.

누구에게나
부동산 공부는 중요하다

최근 부쩍 '전세사기', '깡통전세'에 대한 기사가 늘어나고 있다. 의도적인 사건도 있고 금리 인상과 집값 하락으로 부득이한 사건도 있다. 최근 일주일 간격으로 세 건이나 지인들의 연락을 받았으나 사실상 그 집을 인수하는 방법 외에는 해결책이 거의 없었다. 사고 싶지는 않아서 전세로 들어간 오피스텔이나 빌라를 결국 떠맡게 된 것이다. 이미 벌어지고 난 후에는 손쓸 방법이 제한적이므로 미리 예방하거나 되도록 내 집을 마련하는 것이 최선의 방법이다. 이런 전월세 관련 사건에는 오래전부터 벌어지는 네 가지 패턴이 있다.

첫 번째로는 새집을 좋아하는 신혼부부들이 제일 많이 겪는 신축빌라 분양 관련이나 전세가율이 높은 아파트의 깡통전세(매매가와 전세가 차이가 거의 안 나는 전세) 문제다. 빌라에 이런 일이 많이 발생하는 이유는 아파트와 달리 빌라마다 개별성이 있어 정확한 시세 파악이 힘들다는 점 때문이다.

예를 들어 신축업자가 법인을 세워 토지와 공사비용으로 한 채당 1억 5,000만 원 정도의 돈을 들여 열 채가 들어있는 빌라를 지은 후, 분양업자들에게 가격은 알아서 정해 팔고 한 채 당 2억 원씩만 자신에게 주면 나머지는 가지라고 한다. 주변 매매시세는 2억 원 정도다. 하지만 빌라는 사려는 사람보다 전세를 살고 싶어 하는 사람이 더 많다. 빌라는 값이 떨어지고 전세는 돌려받을 수 있다는 통념 때문이다. 그럼 분양업자는 새 빌라인 점에 이런저런 혜택들을 제공하며 전세를 2억5,000만 원에 맞춘다. 주로 세상물정 모르는 신혼부부가 타깃이다.

그다음 전세가 들어오는 날 신축업자의 법인에서 갑자기 다른 개인으로 명의를 바꾸는데, 이 개인은 대체로 잃을 게 없는 신용불량자인 경우가 많다. 매매가보다 전세가가 더 높기 때문에 추가비용 없이 한 채당 돈을 조금 쥐어주고 이 사람 앞으로 몇십 채, 몇백 채를 등록해놓는 것이다. 세입자에게는 별거 아니라는 듯 그때 주인도 바뀔 거라고 문제없다고 간단히 한마디 하고 넘어가는 경우가 많다. 이 경우 초반에는 문제가 없다. 신축업자도 돈을 남겼고 분양업자도 돈을 남겼고 신용불량자도 전세금을 빼줄 때 다음 사람 구해놓고 나가라고 하면 자기 돈 들이지 않고 '100억 자산 부자'가 되는 건 금방이다.

문제는 시간이 지나 빌라들이 낡아 매매가와 전세가가 하락할 경우 한꺼번에 터진다. 빌라는 2~3년만 지나도 새집이 아니기 때문에 2,000만~3,000만 원 정도 가격이 하락하며 주변에 맞춰 시세를 다시 형성하게 된다. 세입자가 전세금을 못 돌려받게 되면 전세금반환소송을 걸어 집을 경매로 넘긴 후 낙찰된 금액에서 전세금을 돌려받아야 되는데 그럼 대체로 낙찰가가 전세금보다 낮게 된다. 애초에 잃을 게 없던 신용불량자 집주인은 파산하고 그럼 결국 세입자는 울며 겨자 먹기로 그 집을 인수하게 되는데 이는 결국 돌고 돌아 2억 원 시세의 집을 2억5,000만 원에 사게 된 셈이다. 아파트도 전세가와 매매가가 너무 차이가 없는데 집값이 조금이라도 흔들릴 경우 이런 상황을 맞닥뜨리게 된다.

이를 예방하기 위해서는 우선적으로 공인중개사 사무소 여러 곳을 다녀보면서 전세와 매매시세 두 개 모두 정확히 파악하려는 노력을 해야 한다. 전세를 구한다고 전세시세만 알아보는 경우가 많은데 전세조차 들어간다고 할 때와 내놓는다고 할 때 중개소장님의 말씀이 다를 것이다. 그러므로 여러 곳에 다니면서 매매, 전세 모두 내놓는 가격과 들어가는 가격을 파악해야 한다. 또 국토교통부 실거래가 공개시스템에 아파트 외에 연립/다세대 등도 실제 거래가격이 모두 공개되어 있으니 참고하는 것이 좋다. 여기에 되도록 전세금반환보증에 가입하는 것도 좋다.

두 번째는 집주인의 잔금 당일 대출실행이다. 다들 상식적으로 전입신고를 할 때 확정일자는 받는다. 하지만 전세입자권리(대항력)는 전입신고일 다음 날부터 효력이 생기고 집 담보대출은 당일부터 바로 효력이 생긴다.

이 말은 곧 집주인이 그날 대출이 나오도록 다 세팅해 놓은 다음에 전세입자의 잔금을 받으면 은행이 1순위고 전세입자는 2순위가 되어 나중에 문제가 생길 경우 은행 돈부터 주고 전세입자는 남는 돈만 받아가야 하므로 전세금을 날릴 수도 있는 것이다.

이를 예방하기 위해서는 계약이나 잔금을 낼 때만 등기부등본을 보는 것이 아니라 들어가고 일주일쯤 뒤에 등기부등본을 한 번 더 떼어봐야 한다. 전세권을 따로 설정하면 당일부터 효력이 있지만 그것까지 챙기는 사람은 드물 것이다. 이 문제에 대한 논의가 현재 국회에서 진행되고 있다는데, 부디 좋은 대책이 마련되었으면 좋겠다.

세 번째는 선대출이다. 대출이 이미 있는 곳에 전세를 들어가는 일인데 의외로 지인 연락 중에 이런 경우가 많았다. 전세금이 주변 시세에 비해 상당히 저렴하고 대출과 전세가를 다 합쳐도 집값에 비해 여유가 있다고 생각하기 때문이다. 투자자들 사이에서도 2016~2017년에 인천 서구에 갭투자 시 선대출과 저렴한 전세를 조합하여 무피투자(내 돈이 안 들어가는 투자)를 하는 게 유행이었다.

예를 들어 3억 원짜리 아파트를 사서 2억6,000만 원에 전세를 놓으면 내 돈이 4,000만 원 들어가지만, 대출을 1억5,000만 원 받고 전세를 1억4,000만 원에 놓으면 전세입자는 시세보다 저렴하게 전세를 구하고 투자자는 내 돈 1,000만 원으로 집을 살 수 있다. 그리고 3억5,000만 원에 매물을 내놓는다. 만약 그사이 집값이 올라 중개소에서 연락이 오면 회수 후 더 오른 가격에 내놓으면 그만이기 때문이다.

문제는 집값이 주춤 또는 하락하거나 주인이 여러 채를 운용하다가 파산하여 경매로 넘어갈 경우다. 예방법은 간단하다. 대출은 등기부등본에 나와 있으므로 저렴한 전세가가 유혹적이지만 되도록 선대출이 있는 곳은 피하는 것이 좋다. 선대출과 전세가가 합쳐도 집값보다 여유있다고 판단될 수도 있지만 만약 집주인이 사업을 하는 경우에는 등기부에 없는 세금과 직원들의 인건비 등을 낙찰된 금액에서 먼저 회수해 갈 수도 있다.

네 번째는 저렴한 월세보증금이다. 길거리 전단지에 많이 붙어 있는 싼 전세나 월세보증금. 이런 것은 전화해보면 경매 넘어간 집에 '법으로 우선 보호받는 소액'으로 전월세를 들어가는 경우가 대부분이다. 이게 가능한 건 소액임대차보호법이라고해서 지역별, 시기별로 경매가 넘어가게 되면 제일 먼저 돌려받는 금액을 명시해두었기 때문이다.

하지만 이 법은 어려운 세입자를 도와주기 위해서 있는 항목인데, 이걸 노리고 가짜 임차인이 돈을 먼저 받아가는 일이 많으니 원래 첫 번째로 돈을 받아가야 할 은행이 손해를 본다. 은행 입장에선 억울하니 경매 들어가는 거 뻔히 알면서 세 들어오는 그런 나쁜 사람에겐 돈 주지 말라며 '배당배제신청'을 해서 요즘 돈을 못 받고 나가는 사례들이 늘어나고 있다.

하지만 중개사무소에 가면 여전히 "이 정도 금액은 보호를 받으니 괜찮다"라며 계약을 성사시키는 경우가 종종 있다. 그러다 돈 못 돌려받으면 아무도 책임져주지 않는 것이다. 세상에 이유 없이 나에게 베푸는 호의는 없다는 걸 염두에 둔다면 피할 수 있을 것이다.

집은 생필품이고 살면서 반드시 한 번 이상은 집과 관련된 거래를 하게 된다. 그리고 일반서민이라면 그 거래에 내 전 재산이 왔다갔다 하기 마련이다. 하지만 경제교육이 전혀 이루어지고 있지 않는 것이 현실이다. 나는 돈이 없거나 부동산을 어디서부터 공부해야 할지 모르겠다면 경매 공부를 추천한다. 돈을 버는 것은 차후 문제고 자산을 지키기 위해서다. 공인중개사 공부보다 짧고 경매에 넘어가는 많은 케이스들과 관련 법을 빠르게 습득할 수 있다.

내가 처음 경매에 관심을 가졌던 것은 고등학생 때였다. 살던 집이 경매로 넘어갔는데, 알고 보니 처음 이사 왔을 때 부모님께서 빌라 가동과 나동이 번지가 다르다는 것을 모르고 공사인부의 말을 듣고 나동 번지로 등기를 했던 것이 문제가 된 것이다.

경매로 넘어간 건물의 지번과 주민등록상의 지번이 다르면 대항력이 없어 배당을 한 푼도 받지 못하고 쫓겨나듯 나와야 했다. 이런 법이 있다는 걸 미리 알았다면 등기 시 좀 더 신중했을 것이다.

참고로, 실제 동 표시가 '라동'인 신축 다세대주택 101호를 임차하여 사전입주하면서 주민등록 전입신고도 '라동 101호'로 마쳤다. 그런데 준공검사 후 건축물 관리대장이 작성되면서 '가동'으로 등재되고 그에 따라 등기부도 '가동 101호'로 보존등기됨으로써 주민등록이 공부상의 동표시와 불일치하게 된 경우에도 대항력이 없다(대법원 99다4207).

또한 다세대주택을 임차하여 거주하고 있는데 주민등록상에 주택소재지의 지번만 기재되어 있고 동호수 표시는 기재되어 있지 않은 경우에도 대항력이 없다(대법원 99다15597).

이후 직장을 다니며 경매를 배우고서야 알게 되었다. 아주 사소한 실수로도 내 피 같은 돈을 날릴 수 있다는 걸. 내 입장에서야 억울한 일일지라도 법의 기준은 주의를 기울이면 알 수 있었는데 모르고 지나쳤다면 내 잘못이 맞다는 걸. 돈이 없을수록, 누군가에겐 작은 돈이지만 나에겐 한 번 잃으면 전 재산을 잃는 상황이라면 더욱 내 돈을 내가 지키기 위해서 부동산 공부를 해야 한다고 생각한다.

얼마까지 알아보고
오셨어요?

친구, 동생들과 대화를 하다 보면 "내 집 마련을 하고 싶은데 뭐부터 해야 할지 모르겠다", "전세와 매매 중에 어느 걸 해야 할까", "가진 돈보다 좋은 지역만 눈에 들어온다"는 이야기를 종종 듣는다. 그때 간단하게 알아보는 방법을 알려드리는데 순서는 다음과 같다.

① 지금 가진 순자산을 계산해본다. (월세 보증금, 전세금에서 대출금을 뺀 금액, 주식/예적금 등)

② 최대한 받을 수 있는 대출액을 계산해본다. 여기서의 '최대한'이란 LTV, DSR 등 총액의 의미가 아니라 월수입 중 내가 대출원리금을 무리 없이 납부할 수 있는 금액을 말한다.

③ 가계부에서 저축과 원리금 상환액을 파악한다. 가계부를 펼쳐서 한 달 월급 중에 얼마를 저축하고 얼마를 지금 집의 대출원리금으로 갚고 있는지 따로 적어본다. 예를 들어 저축은 한 달에 30만 원 하고 지금 대출원리금을 30만 원 갚고 있다면 새로운 집의 대출원리금은 최소 30만 원, 최대 60만 원으로 잡을 수 있다.

④ 네이버에서 '국민은행 금융계산기'를 검색해서 들어간다.

⑤ 그중 '대출계산기'를 클릭한다.

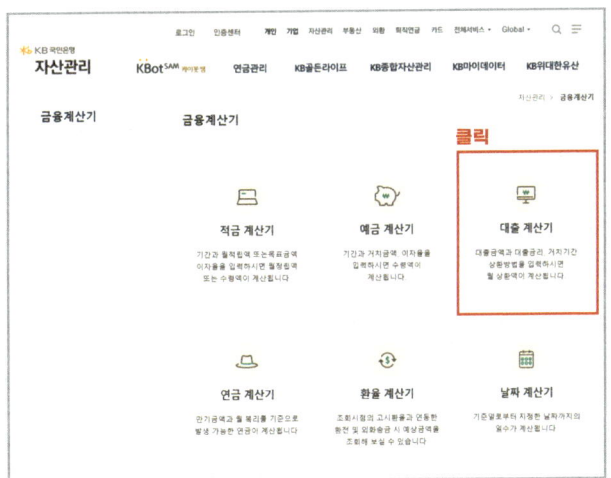

⑥ 네이버에서 '보금자리론'을 검색하여 한국주택금융공사 홈페이지(www.hf. go.kr)에 들어간다. 보금자리론에서 나오는 대출금리를 이전의 금융계산기에 입력한다. 약 4.5%, 420개월 상환(35년, 집의 재무목표에 맞게 조절), 요즘은 거치가 거의 없으므로 0개월로 세팅한다. 그다음 대출금액을 조절해가며 한 달 원리금이 ①번 항목에서 정했던 범위 내로 들어오게 한다.

앞서 예를 들었던 30만~60만 원으로 조회해보면 대출은 6,400만~1억 2,700만 원을 받는 것이 좋다는 걸 알 수 있다.

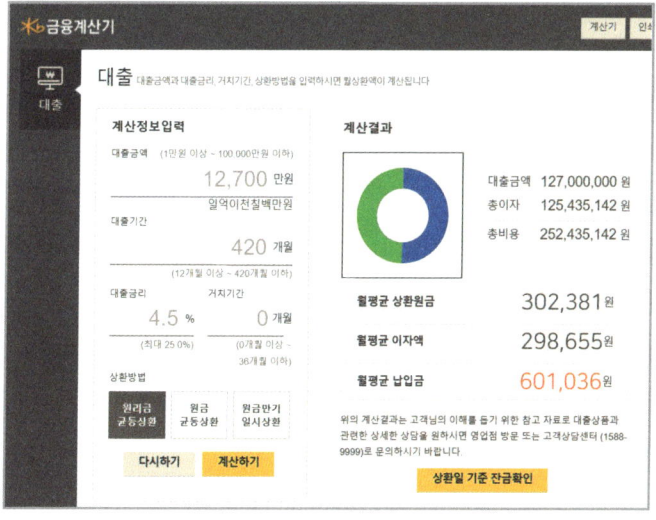

5장 | 적당히 잘살기 위한 2단계 '내 집 마련'

⑦ 대출 가능 금액과 이미 가진 돈을 합쳐 예산을 도출한다. 예를 들어 앞서 도출된 약 1억 3,000만 원을 대출받기로 결심하고 지금까지 저축한 돈이 3,000만 원, 지금 살고 있는 집에 1억 원이 들어가 있다고 할 경우 집을 구할 총예산은 2억 6,000만 원이 된다.

'4억 원짜리 집을 보고 70%까지 대출이 나오니 2억 8,000만 원 대출받고 내 돈 1억 2,000만 원만 있으면 집을 살 수 있네?'라고 생각하는 사람을 많이 보았다. 하지만 꼭 상환해야 할 원리금이 생활에 부담이 없는 선에서 구해야 오랫동안 안정적인 살림을 할 수 있다고 생각한다.

ex) 순자산 4억 원, 인천 또는 부천에 살고 싶고,
가계부 살펴보니 월 100만 원 상환 가능
→ 4억 원의 60%를 잡으면 총 집값 6억 7,000만 원 중
대출은 2억 7,000만 원 (X)
→ 월 100만 원의 원리금 상환액을 계산해보면 2억 1,000만 원 대출 가능
(4.5%, 420개월), 집 예산은 약 6억 원으로 하자 (O)

이제 직장 근처부터 지하철 노선을 따라 계속 예산에 맞는 집을 검색해 나간다. 검색할 때는 네이버 부동산이나 호갱노노 앱에 들어가서 조건을 넣어 검색하면 편리하다.

나는 상승장, 하락장 등 경기와 상관없이 내 집 마련은 되도록 해야 한다고 생각하고 있다. 아이가 있는 경우 특히 안정적인 집이 꼭 필요하다. 집값이 오르든 내리든 제일 중요한 건 가족의 행복이기 때문이다. 예산금액으로는 직장과 너무 멀어져서 가족과의 시간이 줄어들고 삶의 질이 떨어진다면 전세를 고려해도 좋을 것이다. 하지만 주거안정과 인플레이션 헤지 차원에서 일생에 한 번은 부동산을 거래하게 된다. 조급하게 결정하기보다는 가족과 의견을 충분히 나누고 서로 존중하는 결혼생활을 하는 게 더 좋다고 생각한다.

집을 구할 때는 지하철 노선을 따라 예산에 맞는 집 후보에 직접 가본다. 꼭 직접 가서 아이 유치원이나 학교는 바로 옆에 있는지, 학원은 어디로 보내는지, 주말에 밥은 어디로 나가서 사 먹는지 동선과 분위기를 파악하는 게 중요하다. 부동산에 들러서 이 동네 호재는 뭐가 있는지 물어보고 직접 집 내부를 보고 온다. 후보를 여러 개 뽑아서 매주 주말마다 둘러보고 다이어리에 기록하여 집에 와서 중개소장님이 말씀하신 호재의 실제 진행상황이 어떤지 검색하다 보면 두 달 정도만 지나도 감이 온다. '역세권, 학교 근처의 새 아파트'를 우선 체크하면 좋다.

이렇게 직접 여기저기 가보고 후보를 다섯 개 정도 고른 다음에는 실제 가능한지 본격적인 계산을 해본다. 부동산 소장님께 대출상담사 연락처를 물어봐서 세 명 정도에게 견적을 받아서 비교해본다. 그렇게 후보를 두세 개 정도로 추려본다. 여기까지 한 다음에 부동산 강의를 들으러 가서 슬쩍 강사님께 쉬는 시간이나 단톡방에 물어본다. 그냥 물어보면 할 말 없지만 여기까지 해오면 답변을 안 할 수 없다. 그리고 마지막으로 가족들과 충분한 합의를 한 후 결정한다.

한 푼도 없는 신혼부부라면
이 방법밖에 없다

부득이한 사정으로 신랑 신부 모두 0원으로 결혼하는 경우가 있다. 그런 경우 노려볼 만한 방법은 대체로 다음과 같다.

① 신혼 때 1억부터 만든다

되도록 신혼 첫 3년에 둘이 힘을 합쳐 1억 원을 만드는 것을 권한다.
'1억 원 ÷ 3년 ÷ 12개월 = 1개월에 275만 원 저축'.
그럼 어떻게 275만 원을 모으느냐.

② 신혼집 거주비용 최소화

다 갖춰진 오피스텔에서 비싼 월세와 관리비 내면서 차 끌고 신혼이랍시고 여행 다니면 골로 갈 수 있다. 차는 업무 필수에 유류비 지원되지 않으면 추천하지 않는다. 남들 이목 신경 쓰지 말고 하루라도 어릴 때 원룸에서 알콩달콩 머리 맞대고 장 봐서 식비 아껴볼까, 손잡고 걸어다닐까, 추우니까 껴안고 있을까 해야 귀엽고 추억이 되지 나중에 나이 먹고 그러고 있으면 '아, 내가 결혼 왜 했지' 하게 될 수도 있다. 초반에 남들 하는 거 다 하려고 하면 나이 먹고 남들만큼 살고 싶을 때 못 살 수 있다.

연봉이 적고, 첫해 3,300만 원 모으는 걸 성공하면 1~2%대 금리인 청년전용 버팀목전세자금대출을 7,000만 원 받아 1억 원 전세로 이동 가능하다(http://nhuf.molit.go.kr에서 확인 가능).

3년 후 1억 원이 모이면 보증금 2억 원 이하 집으로 최대 1억 원까지 대출금리 1.2%인 중소기업취업청년 전월세보증금대출 이용이 가능하다(http://nhuf.molit.go.kr에서 확인 가능).

그 외 LH 전세임대, 행복주택, 국민임대 등 국가가 신혼부부 지원해주는 게 있는지 계속 알아보길 권한다. 요즘 2억 원 이하 집이 어디 있나 하겠지만 지금 찾아보니 내가 12년 전 신혼집으로 살았던 7호선 앞 부개뉴서울아파트 17평 저층이 전세 1억 6,000만 원이다. 당시 2년간 둘 다 아침은 안 먹고 어떻게든 야근해서 저녁까지 회사에서 해결하고, 주말 4주(8일) 동안만 식비를 지출해 둘이 한 달 동안 8만 원으로 해결했다.

③ 맞벌이 하며 한 사람 월급 통째로 저축

2022년 기준 1인당 최저임금 191만 원, 2인 최저생계비는 196만 원이다. 맞벌이하면서 더 적은 사람 월급으로 살고 다른 한 명의 월급은 없는 셈

치고 모아야 한다.

④ 주식이고 코인이고 사업이고 뭐고 금지

모든 행위는 리스크를 내포하고 있으며 여차하면 그걸 감수해야 하는데 0원으로는 감수할 수 있는 리스크 따위 없다.

⑤ 30~40대에는 최소 현금흐름 마련

타이밍에 맞춰 앞서 3년간 모은 종잣돈 1억 원에 대출받아 한 번은 3억 5,000만 원 정도에서 내 집 마련을 한다. 그리고 월 400만 원의 현금흐름을 확보한다. 월 400만 원의 초과분은 종잣돈으로 추가하면 더욱 좋고 아니면 비상금으로 모아 특별한 지출에 대비하는 것이 좋다.

왜 월 400만 원이냐면, 3인 최저생계비 250만 원에 집 원리금상환 100만 원, 노후대비 저축 50만 원을 넣으면 어느 정도 기반을 다질 수 있기 때문이다. 집 원리금상환액 100만 원은 약 2억4,500만 원을 40년 동안 4% 이자율로 원금과 이자를 균일하게 갚아나가는 금액이다. 노후대비 저축액은 50만 원씩 30년간 꾸준히 적금을 넣을 경우 약 2억 원이 된다. 기초연금과 주택연금, 그리고 2억 원의 목돈으로 만드는 현금흐름이라면 노부부 두 명의 기본생활비를 해결할 수 있다. 또 이렇게 따로 모아두면 중간에 집을 갈아탈 때 이사갈 집이나 청약 시 계약금으로 쓸 수 있어 요긴하다.

⑥ 시기에 맞게 갈아타기

집을 사려는 시기가 상승기일 경우, 저축으로 종잣돈이 모이면 다음 이사갈 집을 전세 끼어 있는 걸로 미리 잡아두는 등(전세입자가 살고 있는 집은 즉시 입주 가능한 집보다 싸고 세입자 만기까지 입주하지 않아도 됨) 일시적 1가구 2주택 요건을 알아보고 계속 이사 다니며 갈아타기 할 것. 또는 고생을 각오하고 낡은 재건축 아파트나 재개발 빌라 등에 들어가서 프리미엄이 붙는 입주권 획득을 노리는 것도 좋다.

집을 사려는 시기가 침체기, 하락기일 경우 저금리 전세자금 대출을 최대한 받아 전세로 살면서 지속적으로 신혼부부 특별공급 등을 알아보는 것이 좋다. 시기와 상관없이 아이 학교 갈 때쯤은 자리 잡는 것을 추천한다. 재산을 불리는 것보다 아이의 친구 관계와 정서 안정이 더 중요한 시기가 있기 때문이다. 이러면 작아도 내 집 마련과 노후준비를 어느 정도 할 수 있다.

이 과정에서 아이에게 경제적으로 넉넉하게 못 해줌을 미안해 하면 안 된다. 너도나도 이 세상에 태어나 각자 나름대로 열심히 사는 것이고, 건강하게 키우고 늙어서는 자녀에게 신세 지지 않는 것 또한 아이를 도와주는 거니 최선을 다했다 여기면 된다.

이만큼만 해도 되는 부동산 투자

일반인에게 적합한 부동산 공부는 두 가지 분야로 나누어진다. 흐름과 입지이다. 아무리 부동상 상승기라 흐름이 좋다고 해도 입지가 나쁘면 상승에서 소외될 수 있고, 아무리 입지가 좋아도 흐름이 나쁘면 가격이 같이 하락하기 쉽다. 결국 두 가지 요소를 모두 고려하여 그사이 내가 모은 돈에 맞춰서 최선의 선택을 해야 한다.

그중 흐름을 알기 위해서는 두 가지 실천을 꾸준히 지속하기를 권한다. 첫 번째는 매일 꾸준히 부동산 기사, 책, 유튜브 등을 관심 갖고 들여다보는 것이다. 이때 반대 성향의 콘텐츠를 두루 둘러본 후 나의 의견을 적어보는 것이 중요하다. 또 나중에 그 사람의 주장이 맞았는지 틀렸는지 점검해 봐야 한다. 저 사람은 대단한 사람이니까 저 사람 말이 맞을 거야라며 일방적으로 받아들이는 건 전혀 도움이 되지 않는다.

두 번째는 KB부동산 사이트에 들어가 '주간보고'와 시계열 데이터를 매주 챙겨보는 것이다. 현장에 비해 느린 후행데이터이고 전국을 다루다 보니 원인분석에 세밀하지 못한 부분이 없지는 않으나 공부하는 시기에 전체적인 모습을 파악하는 데에는 이만한 것이 없다. 보고서를 보다가 궁금한 지역이 있으면 기사와 네이버 부동산에서 나와 있는 매물가격을 둘러본 후 직접 가보고 기록해본다.

흐름 다음으로 알아야 할 부분은 '입지'다. 입지를 알아보기 앞서 알고 있어야 하는 사항은 입지는 절대평가가 아닌 상대평가라는 점이다. 점수보다 등수가 중요하다. 얘가 쟤보다 더 잘 하는지 못 하는지를 파악하는 것이 빠르고, 미묘한 차이로도 등수, 즉 가격에 확실히 반영되어 있다. 어느 동네에 갔을 때 겉으로는 비슷해 보이는데 이 아파트가 저 아파트보다 조금 더 비싸다면 그곳에 살고있는 사람들에게 물어보면 명확한 이유가 있기 마련이다. 이 서열을 알면 흐름이 어느 방향으로 흐르고 있는지 파악할 수 있고 상급지로의 이동 계획도 빠르게 세울 수 있다.

부동산 입지 공부를 처음 시작할 때 가장 성장하는 방법은 1등부터 지역별로 줄을 세워보는 것이다.

서울 – 광명 – 부천 – 인천

서울 – 과천 – 평촌 – 산본

이런 식으로 지역별로 화살표를 그려보고 사람들이 더 선호하는 이유를 적어 본다.

그다음 사는 곳이 서울이면 서울 내에서도 구별 순위를, 인천 남동구면 남동구 내에서도 동별 순위를, 분당 수내정자동이면 동 안에서도 아파트 순위를 관심지역을 정해 가격별로 순서를 쫙 매겨본다. 가격은 많은 걸 포함하고 있기 때문에 순서를 매긴 후 왜 그럴까를 살펴보면 입지분석이 된다. 통계청 사이트에서 시·군·구별 인구이동에 대한 데이터를 제공하니 사람들이 어디로 이사가는지 흐름을 파악하여 교차로 검토하면 더욱 정확해진다.

이걸 전국으로 확대하면 광역시별 집값순위가 있는데, 가끔 특정 지역의 집값이 오르거나 하락하면서 순서가 바뀔 때가 있다. 그럼 시간이 지나면 다시 순위가 맞춰지는 걸 볼 수 있다. 매도·매수 타이밍을 공급물량 외에도 이것으로도 교차 검토할 수 있다.

이렇게 등수가 생긴다는 건 교통이든 교육이든 사람들이 상대적으로 더 선호하는 요소가 있다는 것이고 거창하게 입지분석이라 이름 붙였지만 결국 '사람이 살기 좋은가'를 생각하면 쉽게 이해할 수 있다.

이만큼만 해도 되는
주식 투자

미국에서 한창 유행해 한국에도 유입되었던 파이어족의 기본 코스는 이렇다. 젊은 시절에 극단적인 절약을 통해 종잣돈을 마련한다. 종잣돈의 규모는 최소 연 생활비의 25배, 즉 종잣돈에서 매년 4%의 수익률로 발생하는 현금흐름이 월 생활비보다 같거나 많아지면 조기은퇴한다. 대체로 안전하게 7%의 수익률을 올려 4%를 사용하고, 생활비 절감을 위해 저렴한 지역이나 물가가 싼 나라로 이동하는 것을 추천하기도 한다.

   이 개념은 종잣돈을 미국의 주가지수와 연동되는 ETF와 채권에 일정 비율로 나눠 넣어두고 매년 7%의 수익을 내는 것을 전제로 하고 있다. 주식에만 넣어두면 수익률을 더 올릴 수는 있겠으나 그런 경우 수익이 일정하지 않다는 문제가 발생한다. 수익이 많다고 해서 많이 먹었다가 수익이 없는 날에 굶을 수도 없는 노릇이고, 그렇다면 수익이 많은 해에 쌓아놨다가 낮은 해에 쓰면 된다고 할 수 있지만 순서가 그렇게 균일하게 오지 않기 마련이다. 그래서 나온 방안이 채권과 부동산에 분산 투자다.

매년 4~7%의 수익을 내는 게 가능한가 싶지만 미국의 주가는 지난 10년 동안 꾸준히 상승을 지속해왔기에 내가 열심히 종잣돈을 만들어 주식에 묻어두기만 한다면 그동안 불가능하지 않은 방법이었다. 하지만 최근 주가의 변동성 증가는 차치하고서라도 달러 강세로 미국 주식이 비싸졌다.

그렇다면 싸졌지만 거의 박스권에 있는 한국의 주식시장에서도 이 방법이 가능할까. 경제성장기인 80년대를 포함하여 계산하면 매년 8%씩 성장했다고 하지만 과연 2000년 이후는 어떨까 궁금해 찾아보니 신영증권 김학균 센터장의 매일경제 2019년 6월 인터뷰가 있었다. 이 기사에 따르면 2009년 이후로 국내 증시의 연평균 상승률은 1.9%에 불과하다고 한다.

하지만 분위기 좋을 땐 잊고 있다가 시장이 흔들릴 때마다 소환되는 워런 버핏의 투자 방식이라면 중간에 큰 불황이 있더라도 수익실현이 가능하다는 분석이 있다.

이 세계적인 투자자 워런 버핏의 36년간 평균 수익률은 22.3%다. 그리고 앤서니 볼턴의 연평균 수익률은 19.5%, 이웃집 워런 버핏으로 유명한 숙향의 연평균 수익률 또한 22%다. 이것이 의미하는 건 주가가 몇 배씩 오르는 건 대가에게도 흔치 않은 일이며 평범한 사람들은 연평균 수익률 7~10%를 유지해도 상당히 투자를 잘하는 편이라는 점이다.

겨우 적금보다 조금 나은 정도인데 이 정도로 될까 싶지만, 특정 시기에 특별히 많이 벌었다는 누군가의 말에 욕심이 생겨 휩쓸렸다가 열 번 벌어도 한 번 잃었을 때 전부 잃는 상황을 맞는 것보다 안전하다. 일반인의 지식과 멘탈이라면 적금보다 조금 더 번다는 마인드로, 여윳돈으로 장기투자하는 게 잃지 않는 제일 무난한 방법이다. 일정 금액을 일정 기간을 간격으로 꾸준히 불입하는 적립식 투자가 거치식 투자보다 수익률이 높다는 연구 결과도 있다.

이런 투자수익이 아니라 내가 주식을 산 회사가 운영을 잘해서 난 이익을 주주에게 돌려주는 '배당'으로 현금흐름 세팅도 가능하다. 고배당주를 미국과 한국 기업을 섞어 매달 배당을 받을 수 있게 포트폴리오를 구성하

16년간 韓 증시 투자했다면 수익률은 …
버핏식 투자 644% vs 개미 -86%

(**한국경제 2019.03.11.**) 11일 키움증권에 따르면 2002년부터 매년 버핏의 전략을 토대로 고른 종목에 투자했다면 작년까지 644%(연평균 19.8%)의 수익률을 냈을 것으로 분석됐다.
'버핏 종목'은 코스피200지수 편입 종목 중 △260일 주가 변동성 하위 50% △주가순자산비율(PBR) 하위 20% △자기자본이익률(ROE) 상위 20%의 조건을 다 충족하는 종목이다. 데이터 분석이 가능한 2002년부터 전년도 사업보고서가 나온 뒤 매년 4월 초 해당 종목들로 교체했다고 가정했을 때의 결과다. (후략)

는 것도 가능한데 이 방법은 대체로 경기침체기 초반에 인기를 얻는다. 배당주의 특성상 주가의 상승과 하락폭이 적어 안정적인 반면에 경기침체가 더 진행되어 매우 저렴해진 주식을 사고 싶거나 경기호황 시 증시가 상승하여 수익을 얻고 싶은 사람에게는 선호도가 떨어진다. 또 경기가 안 좋아져 회사가 배당을 줄일 수 있는 경기침체기 중반 이후나 그냥 예금에 넣어놓는 것이 나은 금리 상승시기에도 선호가 줄어든다.

60대 이상이라 오피스텔이나 고시원 월세를 받듯 시세차익은 상관없이 월 현금만 필요하다는 분들이나, 20~50대지만 앞으로의 경기가 어떻든 나는 5억~10억 원 정도의 목돈을 넣어두고 절대 건드리지 않을 자신이 있는 분들에게 적합한 방법이다. 하지만 대체로 그런 성향의 분들은 형체가 있고 생필품이라 정부가 어느 정도 보호하며 대출 레버리지를 쓸 수 있는 부동산 등이 더 수익률을 올릴 수 있다. 주식투자의 기본은 돈 버는 시스템을 가진 회사에 투자를 하고 내가 그 회사의 주인이 되는 것이므로, 주식 공부가 처음이라면 투자도 버는 돈에 비해 주가가 저렴한 회사를 선별해 주식을 샀다가 버는 돈 또는 앞으로 벌어들일 수 있는 돈에 비해 비싸지면 매도하는 것을 연습하는 것이 좋다.

또 다른 주식 투자로는 종목마다 나만의 기준을 정해 일정 금액 이하로 떨어지면 사고 일정 금액 이상으로 올라가면 팔아 차익을 챙기는 방법이 있다. 시간과 노력이 거의 들어가지 않아 일과 병행할 수 있어 내가 주로 쓰는 방법이다.

이 방법은 개별 종목을 선정할 수 없는 초보도 어느 정도 수익을 얻을 수 있다. '코스피 전체가 박스권 하단인 2,000보다 떨어지면 시가총액 순위 10위 안의 종목을 조금씩 사들이다가 박스권 상단인 2,400에 도달하면 판다'는 식의 나만의 상·하단의 기준을 정해 사고판다면 손실이 발생할 확률이 현저히 적다. 고작 이걸로 돈을 벌 수 있을까 싶지만 코스피가 폭락했다가 다시 2,000선을 회복하여 기사가 났던 해를 돌아보면 2007년, 2010년, 2011년, 2012년, 2013년, 2014년, 2015년, 2016년, 2018년, 2019년 등 1년에 한두 번은 꼭 돈 벌 기회가 주어졌다.

여기에 익숙해졌다면 몇 개의 관심종목을 정해 주가를 관찰하여 해당 주식의 주가가 갖고 있는 진폭을 알아두거나, 돈을 얼마나 잘 버는지 알기 위해 재무제표를 보거나, 해당 업계가 어떻게 돌아가나 파악해 수익률을 높일 수 있다.

부동산도 한 전문가가 전국을 다 알 수 없고 밥 먹고 분석만 하는 증권사 애널리스트도 전문분야가 있듯이 수없이 많은 주식종목을 다 알고 있는 건 거의 불가능하다. 불안한 마음에 좋다고 하는 종목들을 하나둘 담다 보면 몇십, 몇백 개의 종목이 계좌에 담기게 되는데 사긴 샀지만 언제 팔아야 할지 모르는 경우가 태반이다. 그럴 경우 오르면 오르는 대로 더 오를까 봐 못 팔게 되고, 내리면 더 내릴지 반등할지 알 수 없어 인생에 지장 없는 적은 돈이니 괜찮다고 위로하며 반려주식으로 손실을 끝없이 가져가거나 단가를 낮춘다며 물타기를 하게 된다.

스스로 공부하여 아는 회사, 아는 주식을 하나씩 늘려나가면서 하락하여 쌀 때 샀다가 상승하여 비쌀 때 판다는 가장 기본적인 행위를 반복한다면 나이 먹어서도 즐길 수 있는 취미가 될 수 있을 것이다.

이만큼만 해도 되는
연금 설계

연금의 자세한 종류와 절세 혜택, 상품에 대해서는 별도의 책과 강의를 참고하시는 것이 좋다. 여기서는 간단하게 나라에서 운용하는 국민연금, 재직 시 납부했다가 회사 퇴직 후 받을 수 있는 퇴직연금, 앞의 기본연금으로 부족함을 느껴 별도로 납입하는 개인연금, 살고있는 집을 담보로 받을 수 있는 주택연금을 활용하여 현금흐름을 창출하는 방법에 대해 말씀드리려고 한다.

연금은 기본적으로 소득이 많은 젊은 나이의 내가 돈을 조금씩 넣어놨다가 일할 수 없을 때 조금씩 돌려받는 상품이다. 납입하고 수령하는 사이의 기간 동안 금융기관이 운용하여 물가상승률만큼 보존해주는 대신 수수료를 떼기 때문에 5~7년 이상의 장기보유를 할 수 없다면 오히려 마이너스가 될 수도 있다.

연금저축은 보험사(연금저축보험), 증권사(연금저축펀드), 은행(연금저축신

탁) 등에서 모두 판매하며 연말정산 시 세액공제를 받을 수 있다. 연금보험은 보험사를 통해 납입할 수 있는데 10년 이상 보유하면 연금수령 시 이자소득세를 비과세받을 수 있다. 아주 줄여서 말하면 젊을 때 혜택을 보느냐 나이 먹어서 혜택을 보느냐 차이가 있다고 볼 수 있으니 무엇이 더 낫다기보다 각자 상황에 맞게 선택하면 된다.

연금은 재테크로 보기보다 보험과 같은 개념으로 생각하면 관리가 편하다. 어르신들 중에는 보험을 재테크의 수단으로 보고 수입에 비해 지나치게 큰 금액을 넣는 경우가 있다. 그래서 재무상담의 첫 순서로 보험을 점검해 과다하거나 중복된 보장을 빼고 보험료를 낮추는 보험 다이어트를 해드리는 게 일반적이다.

보험의 기본 개념은 불리기가 아니라 지키기다. 내가 재산을 불리는 것과는 별개로, 어떤 사고와 질병이 닥쳤을 때 내 재산이 모두 무너지지 않도록 매달 일정한 수수료(사업비)를 내면서 그사이에 방어벽을 구축하는 것이다. 애초에 수익이 목적이 아니기 때문에 보험에 저축 기능을 기대하면 사업비가 빠져나가 생각했던 금액이 아닐 수 있다. 저축할 돈은 저축에 맞는 상품에 별도로 가입하고 보험은 수입의 5~7% 정도로 부담 없는 금액을 지출하는 게 오래 유지하는 데 도움이 된다.

마찬가지로 연금도 실직과 노화라는 사건을 대비하기 위한 상품이라고 생각하면 장기유지가 가능하다. 연금의 주식 비중 등을 운용하여 수익을 극대화할 수 있으나 그렇게 신경 쓸 시간과 노력으로 직접 투자를 하는 편이 낫다. 납부하고 없다고 생각하면 추후에 비상금 역할을 할 것이다. 또 같은 이유로 연금으로만 현금흐름을 100% 준비하기보다 다른 현금흐름 세팅과 병행하는 게 수익률과 리스크 관리 면에서 더 낫다.

국민연금이 위험하다는 이야기가 10년 넘게 나오고 있지만 그럼에도 기본적인 금액은 납부하는 게 좋다. 나라에서 운용하는 국민연금이 정말 문제가 생긴 경제 상황이라면 일개 회사들의 상품인 개인연금도 리스크가 있을 수 있기 때문이다.

현재 평범한 우리집의 연금 현황은 이렇다. 자녀들의 교육과 결혼을 모두 마친 부모님의 생활비는 국민연금과 노령연금, 또는 정년퇴직한 회사의 퇴직연금을 받고 자식들이 매달 약간의 용돈을 드리는 것으로 해결되며 아프게 되실 경우에는 살고 계신 집으로 주택연금을 받을 예정이다.

아이가 아직 어린 우리 집은 국민연금과 퇴직연금을 잊고 지내기로 하고, 별도로 부부가 각각 10만 원씩 개인연금을 넣고 있으며 추후 여유가 있을 때 추가납입을 하여 수령액은 늘리고 사업비는 아낄 예정이다. 또 아이의 대학 학비를 태어났을 때부터 매달 20만 원씩 10년간 연금으로 납부를 마쳐 사용할 때까지 10년 더 보유하는 동안의 물가상승률을 방어하고자 한다. 10년의 납부가 끝난 시점부터는 매달 납부하던 금액을 교육비로 돌릴 예정이다.

보험 또한 계단식으로 설정해 아이가 성인이 되어갈수록 가장인 남편의 사망보험금이 줄어들게 계단식으로 설정해, 갱신항목으로 인해 시간이 지날수록 올라가는 보험료를 일정한 금액으로 납부할 수 있도록 준비했다. 이렇게 하면 일정한 소비 규모를 유지하면서 적은 금액으로 약간의 노후준비와 질병 대비, 아이의 교육비를 준비할 수 있다고 판단했다.

이건 우리 부부가 실직 시 집을 외곽으로 옮겨 차액으로 월세 받을 부동산을 매입한 후 각자 최저시급 정도를 벌어오는 걸 가정한 경우이므로 가족마다 적당한 세팅 방법이 다를 것이다. 한 번씩 가계부와 자산현황을 놓고 연금상담을 받아보길 추천한다.

1인 가구일 경우도 연금을 활용할 수 있다. 국민연금 사이트를 이용하면 현재 금액 기준으로 아주 대략적인 시뮬레이션을 돌려볼 수 있다.

▼ 연금을 활용한 현금흐름 세팅 전략(1인가구 기준)

예) 1인 기준
- 30~50살 근무 / 월 소득 350만 원 / 개인연금 월 70만 원
- 집값 3억 원
  (20대에 저축 6,000만 원+대출 2억4,000만 원, 20년 동안 월 130만 원씩 상환)
- 생활비 150만 원

월 179만 원	51~64세 개인연금 수령 (약 116만 원)	51~64세 퇴직연금 수령 (약 63만 원, DB형)
월 145만 원	65세 이상 주택연금 수령 (약 80만 원)	65세 이상 국민연금 수령 (현재 가치 약 65만 원)

만약 30세부터 50세까지 약 20년간 근무하면서 평균 월 소득이 350만 원일 경우, 생활비 지출 규모를 150만 원으로 유지한다면 50세에 회사를 다닐 수 없게 되더라도 생활이 가능하다. 남는 월 200만 원 중 130만 원은 실거주집의 대출을 상환하고 70만 원은 개인연금에 납부한다면 현재 기준으로 150만 원에 해당하는 금액을 수령할 수 있을 것이다. 세금과 물가, 상품별로 금액이 달라지겠지만 50세가 되었을 때 대출이 없어진 실거주 집과 연금이 물가 상승률을 반영할 수 있으며 인생의 큰 윤곽을 잡을 수 있다는 점에서 너무 어렵지 않게 고려 항목을 축소해서 직접 계산해보는 것이 좋다.

부자 아빠는 존경스럽고, 가난한 아빠는 부끄러울까

한창 주식과 코인이 타오르던 2021년 가을, MZ세대(1982~1996년생)의 자산 양극화에 대한 기사들이 화제가 됐다. 신문사는 달랐지만 제목은 비슷했다. '상위 20%의 자산 8억, 하위 20%의 35배'.

▼ MZ세대(20~30대) 분위별 평균 자산

이런 통계자료가 나오고 사람들이 공감했던 이유는 막 사회생활을 시작한 2030 세대가 사람들마다 타고난 환경에 의해 출발선이 같지 않음을 실감했기 때문이다. 특히 활황기에는 작은 종잣돈의 차이가 폭발적으로 벌어지기 쉽다.

그렇다고 상위 20% 아닌 사람들이 노력을 하지 않았느냐 하면 억울한 일이다. 한국은행이 2022년 봄에 내놓은 'MZ세대 현황과 특징'이라는 보고서를 보면 20년 전 같은 연령대에 비해 소득은 1.4배밖에 늘지 않았는데 사야할 자산의 가격은 훨씬 많이 상승해 빚은 4.3배 늘었다고 한다. 소득에 비해 빚이 많으니 자연스럽게 소비는 늘지 않았다. 기존 세대처럼 집 하나 있고 대출 갚으며 그럭저럭 생활을 하려면 아껴야 하는 것이다.

하지만 흔히 사람들은 뒷단의 이야기는 생각하지 않는다. 혜택을 받고 출발한 사람들은 그게 혜택인지도 모른 채, 우리는 노력해서 이런 좋은 결과를 얻었고 나보다 못한 너희들은 나보다 못한 노력을 했기 때문이라는 이야기를 쉽게 하는 세상이다. "자본주의 세상에서 가난한 건 죄예요, 노력하면 누구나 부자가 될 수 있습니다"라면서.

그리고 이어지는 말 또한 판에 박힌 듯 비슷하다. "아이에게 가난을 물려줄 건가요? 나는 내 아이에게 가난을 물려주기 싫어 부자 아빠, 부자 엄마가 되기로 결심했답니다. 어때요, 나 대단하죠? 돈 없으면 애도 낳지 마세요. 애가 무슨 죕니까?"

이는 과거 독일나치와 일본의 우생학과 다름없는 자본주의적 우열론이라 생각한다. 열등하면 살아있을 가치가 없다, 가난한 나의 부모가 부끄럽고 그래서 가난한 지금의 내가 부끄럽고 나의 아이만은 남들보다 우등하게 키우겠다는 생각은 곧 나의 생활이 되어 돈이 아니라 그런 가치관을 아이에게 물려주게 된다.

이런 아이가 자라면 어떻게 될까. '우등하다'는 건 상대적이기 때문에 생애 끝없는 경쟁 속에서 발버둥치며 자신의 아이에게 또 같은 이야기를 들려주게 되는 것이다.

우리는 사지가 멀쩡하고 건강한 것, 교육을 받을 수 있었던 것, 바르게 산다는 게 무엇인지 고민할 수 있는 사고를 가졌다는 것 등이 이미 부모님께 물려받은 유산이라는 사실을 잘 인지하지 못한다. 나는 아이에게 무엇을 물려줄 것인가. 사교육과 쉽게 쥐어 주는 돈과 집? 내 인생에 나만의 가치와 행복을 발견하고 매 순간 발전하는 부모의 뒷모습? 그것 또한 나의 선택이다.

맺음말_
적당히 벌고 적당히 노는 사람

예전에 '엄친아(엄마 친구 아들)'이라는 말이 있었다. 이 단어가 잘 쓰이지 않게 된 이유는 우리가 그 단어에 실체가 없다는 걸 알게 됐기 때문이다. 엄친아1의 이런 점, 엄친아2의 저런 점, 엄친아3의 그런 점들이 모여 하나의 완벽한 인물이 있는 것처럼 느껴지고 그걸 기준으로 내가 비교당하고 있다는 기분은 썩 좋은 느낌은 아니었다.

하지만 여전히 사회 곳곳에 비슷한 가상 인물들이 존재한다. 근사한 집을 꾸미며 사는 브이로그를 찍는 유튜버와 멋진 몸매를 자랑하는 인스타 인플루언서와 죽도록 노력해 경제적 자유를 얻었다는 블로그 속 고수들이 혼합되어 이렇게 살아야 제대로 사는 거라는 분위기를 은은하게 풍긴다.

그렇지만 그들은 그게 직업이다. 그리고 고민하고 실패하는 뒷부분은 편집되어 보이지 않는다. 별도의 직업이 있고 가족으로서, 친구로서의 역할도 모두 해내고 있는 현실의 우리가 과연 그렇게까지 하는 것이 맞는 걸까.

나만의 적당한 지점을 찾아 균형을 맞추며 오래 유지하며 사는 게 평범하지만 의외로 어려운 행복의 모습은 아닐까.

뮤지컬 「렛 미 플라이(Let me fly)」에는 한 연인이 나온다. 여자는 똑똑하고 우주에 대한 꿈이 있었지만 아버지가 다치면서 현실의 벽에 부딪힌다. 그러자 좋은 기회를 얻었던 남자는 서울 가는 기차를 떠나보내고 여자가 사는 집으로 돌아와 이렇게 말한다.

여 : 그러지 마….
남 : 이게 내 선택이야.
여 : 제발 가! 내 짐은 내가 혼자 질 수 있어.
남 : 알아, 넌 혼자 잘할 수 있다는 거. 하지만 나는 지키고 싶어.
여 : 지켜줄 필요 없어.
남 : 널 지키겠다는 게 아니야. 우리, 그리고 우리가 함께할 삶. 난 그걸 지키고 싶어.
여 : 나도. 나도 널 지켜줄게. 그런데 너 언젠가 후회하면 어떡해.
남 : 정분아, 어떻게 살아도 후회는 해. 네가 그랬지? 중요한 건 '선택할 수 있다'는 거라고. 우리만의 달에서 살자. 그걸, 선택하는 거야.

선택의 누적으로 만든 달에서 사는 우리. 각자 자신만의 모습으로 원하는 만큼 빛나길 바라며 이 책을 마무리한다.